走过辉煌和坎坷的普希金对人生有着深沉而独特的理解。他的传奇叙事长诗、历史小说和戏剧，展现了俄罗斯社会的丰富层面，揭示了俄罗斯的历史文化底蕴，探索了人生命运的永恒主题。

俄罗斯文化之魂

普希金

吴晓都　著

河北出版传媒集团

河北教育出版社

图书在版编目（CIP）数据

俄罗斯文化之魂——普希金 / 吴晓都著. -- 石家庄：
河北教育出版社, 2025. 4. -- ISBN 978-7-5545-8933-5

Ⅰ. K835.125.6

中国国家版本馆CIP数据核字第2024SV4391号

俄罗斯文化之魂——普希金

ELUOSI WENHUA ZHI HUN——PUXIJIN

作　　者　吴晓都

出 版 人　董素山

策　　划　汪雅瑛　姬璐璐

责任编辑　张亚楠　乔　珊　白馨宇

装帧设计　于　越　聂文清

责任印制　王勇生

出版发行　河北出版传媒集团

河北教育出版社　http://www.hbep.com

（石家庄市联盟路705号，050061）

印　　制　河北新华第一印刷有限责任公司

开　　本　890mm×1240mm　1/32

印　　张　9.25

字　　数　162千字

版　　次　2025年4月第1版

印　　次　2025年4月第1次印刷

书　　号　ISBN 978-7-5545-8933-5

定　　价　78.00元

普希金：生活的知音

俄罗斯诗歌的太阳——普希金

　　与古典时代的阅读习惯比较起来，在现在读图时代、短视频时代，诗歌似乎离我们有些遥远。的确，同影视作品、多媒体出版物、流行音乐等相比，诗歌现在较少受到传媒的青睐，因而也就不再是现代文化生活的宠儿。但是，只要细心审视我们的社会生活，就不难发现，无论是一句新闻导语，还是一句商业广告，人们还是有意无意地在向诗歌王国靠拢，借助诗歌语言的魅力装饰我们日益繁荣的生活。其实，语言的交往目标达到之后，人们渴望话语完美的审美需求也就随之提出。无论在什么时代，语言的"诗化"都是人类精神生活的必然要求。这样看来，诗歌和诗人又离我们并不遥远。

普希金肖像，画家维也纳创作于 1826 年

　　20 世纪的最后一年，世界文坛有一桩文化盛事。那一年初夏，有这样一位杰出的古典诗人从那并不遥远的诗歌王国再次引人瞩目地走上了世界文学追忆的前台，唤起了读者心中与生俱来的诗意。这位诗人就是我们十分熟悉和喜爱的俄罗斯近代文学的奠基人——普希金。1999 年是普希金诞辰 200 周年，世界各国的文学爱好者都对他进行了隆重的纪念。对于我们中国读者来说，在众多的外国诗人

中，普希金不仅仅是熟悉，而且还像一位知心的友人。他充满激情的积极浪漫主义诗篇曾经感动了中国无数的进步青年。他同情劳苦大众，用人民的语言创作，反映时代生活的现实主义艺术精神与我们所倡导的文艺创作方向具有相似的历史语境和艺术语境，所以，中国读者特别喜爱普希金的作品。普希金在其短暂而辉煌的生命中所留下的不朽作品（童话诗、抒情诗、叙事长诗、小说和戏剧），赢得了从少年到成年各个年龄段读者的普遍喜爱。回首千百年的世界文学史，具有如此广阔创作领域和艺术成就，拥有这样广泛读者群的文学家其实并不多见。

少年读者亲近普希金，是因为他们从这位俄罗斯诗人那里能够听到许许多多奇异的故事。普希金的童话诗是孩子们心灵的乐园。在那里，神奇的小金鱼在蔚蓝的大海里施展它的魔法；在那里，机智的长工巴尔达斗垮了刻薄而贪婪的神父；在那里，善良勇敢的格维顿王子终于找回了他美丽的白天鹅公主；在那里，勇士鲁斯兰历经艰险力擒黑海魔王……普希金运用他那色彩斑斓的生花梦笔为孩子们营造出一个趣味无穷的奇异童话王国，以愉快和神奇满足了孩童渴求欢乐的心灵。在欢乐和嬉戏中普希金培养了孩子们勤劳、勇敢和机智的品格，教会他们识别什么是真善美，什么是假恶丑。他的童话内涵丰富、奇趣盎然、绚丽多姿、如歌似画、乐感很强、易于理解，是启发和培养孩子情感和智力的好教材。

　　普希金是孩子们的大朋友，更是青年人的知音。理想、进取、热恋和友谊是年轻人朝霞般生活的主题，普希金就是这些美好主题最浪漫、最热情的表达者。传诵百余年的壮丽诗篇《致恰达也夫》虽说是 19 世纪俄罗斯进步青年的"青春之歌"，但它积极的思想境界、感人的青春激情、富于创造的喻象，至今仍深深地打动着许许多多热爱祖国的年轻心灵。时代可能不同，民族可能不同，但只要读者内心还涌动着相同的青春热血，还跳动着同样炽烈的爱国之心，爱国主义的情怀就可以超越时空，在每个正直青年的心中找到共鸣。几乎所有的青年都憧憬纯真甜蜜的恋情，心想事成者满怀喜悦，未能如愿者郁郁寡欢，但不是每个人都能恰如其分地表达自己内心的感情。普通青年恋人所遭遇的这些或喜或悲的情愫，普希金也曾体验和咀嚼，他多姿多彩、情感丰富的爱情诗篇至今还能在现代青年的心中找到共鸣。"我记得那美妙的瞬间"，普希金的《致凯恩》就为一见钟情的初恋情侣奉献了激情表达的艺术范式。普希金不仅歌唱青春激情的狂喜，也倡导情感生活

　　　　　　　　俄罗斯文化之魂——普希金

中的理性精神。他鼓励青年人要朝气蓬勃、充满激情，在情感的航程上让理性导航。在普希金的心中，真正值得赞颂的爱情应该是真诚而又理智的，他应该像诗人眷恋的大海一样，宽广而又深沉。可以深信，在情感生活里遭遇冰山的青年人在诵读俄罗斯诗神充溢内心痛楚却又饱含博爱精神的诗歌《我爱过你》后，一定能够获得宽慰和积极的启迪，仿佛可以感觉到普希金正与自己在心灵深处同唱一首忧郁的歌谣。除去诉说心痛之外，普希金诗歌里更跳动着一个值得敬重的高尚灵魂。

谈及普希金对青年人的"挫折教育"，就不能不想起他那首广为流传的生活小诗——《假如生活欺骗了你》。普希金意在通过这首小诗劝谕初涉人世的青年朋友要正确面对生活中的磨难与挫折。现实生活里并不总是和风细雨、鲜花盛开，它复杂多变，充满着希望和机遇，也蕴含风险、暗藏荆棘。处于顺境不要骄傲，遭遇挫折也别灰心。普希金以他的生活感受和艺术理解向青年人传达着一种积极健康的处世哲学。这首充溢生活哲理的小诗使普希金成为青年人人生道路上的良师益友。

走过辉煌和坎坷的普希金对人生有着深沉而独特的理解。他的传奇叙事长诗、历史小说和戏剧，特别是现实主

圣彼得堡涅瓦大街街景

义力作——《叶甫盖尼·奥涅金》，对成熟的读者更具有吸引力。这些作品展现了俄罗斯社会的丰富层面，揭示了俄罗斯的历史文化底蕴，探索了人生命运的永恒主题。普希金晚期的诗歌创作从浪漫主义的激昂转向现实主义的深沉和冷峻。经历过相似沧桑波折的成年读者常常能够在普希金这些作品中产生共鸣，得到安慰。

　　普希金让我们感到亲切，还因为他具有至今仍闪耀着光焰的创作意识，这就是：深入平民百姓的生活，向劳动人民学习艺术语言，用朴实的语言进行创作，为人民而创作。如同我国唐代大诗人白居易一样，普希金诗歌的第一听众和读者常常就是普通的劳动者，比如他农奴出身的奶娘。普希金厌恶创作上的矫揉造作和刻板生僻，他曾经夸张地宣称，那没有语法错误的话语仿佛那缺少微笑的芳唇，他历来是不喜欢的。这充分表达了一个有创造力的作家对生动的民间生活语言的极度偏爱。他大量吸收民众的生活口语，只要具有表现力的词汇和谚语，都纳入了他的文学宝库。为平民所理解和欣赏的朴实的美，便是普希金的诗作得以永恒的最根本的原因。以现代人的美学观点来看，普希金最懂得什么是"读者心理"，什么叫作"接受美学"。普希金的永恒还充分表现在他对文艺事业的现代理解上。"书稿可以出售，但良心不能出卖"，他就是这样理解文艺事业的社会效益和经济效益。每当读到这样的诗句，感触到这些弥足珍贵的思想，我们都能够深切地体会到，普希金这三个字对于我们来说并不只意味着珍藏于图书馆或家庭书柜里的古典诗篇。准确地说，他更像读者的朋友，是我们的文艺知音、生活知音。这位不朽的俄罗斯诗神真的离我们很近，很近。

А. Пушкинъ

目　录

俄罗斯的无冕之王 / 001

古老显赫的家族 / 011

文学神童 / 021

难忘皇村 / 031

自由的歌手 / 045

流放之路 / 061

南俄的传奇 / 073

在故乡幽居 / 101

十二月的震荡 / 111

童话大师 / 127

诗人史学家 / 153

普希金与奥涅金和塔吉雅娜 / 175

情诗王子 / 195

叙事大家 / 211

悲情的结局 / 233

俄罗斯的文心 / 253

流芳世界文苑 / 271

参考文献 / 277

后记 / 279

俄罗斯的无冕之王

圣彼得堡总参谋部大楼（1822 年）

1999 年 6 月 6 日是伟大的俄罗斯诗人亚历山大·谢尔盖耶维奇·普希金 200 周年华诞，许多国家都举行了热烈的纪念活动。俄罗斯《文学报》在缅怀诗人的文章中称，普希金才是他们的"亚历山大一世"。的确，普希金无疑是俄罗斯文学王国的无冕之王，俄罗斯人民对自己民族诗魂的亲切追忆已经历经两个世纪。

　　走进古老而又现代的俄罗斯，无论是在它的首都莫斯科和"北方之都"圣彼得堡，还是在众多偏远的边疆小镇，人们总是可以发现诗人普希金的画像或雕像。至于在俄罗斯，以他的名字命名的街巷道路或文化机构，诸如普希金大道、普希金小街、普希金广场、普希金博物馆、普希金剧院、普希金学院等，更是数不胜数。在首都莫斯科有著名的普希金广场，那里自 1880 年起就竖立着普希金巨大的

从瓦西里岛观涅瓦河对岸的彼得保罗要塞

全身铜像，他手握诗卷在回眸沉思，那是 19 世纪的俄罗斯文化界献给他们膜拜的先师的厚重礼物。在莫斯科历史文化名胜阿尔巴特街普希金的故居前伫立着他与其妻子纳塔丽娅携手恩爱的铜像，他们浪漫凄婉的爱情凝固在这条美丽的艺术步行街旁，吸引着旅游者的注意，激发他们好奇的联想。在迤逦如画的莫斯科河畔有普希金造型艺术博物馆，这是俄罗斯收藏欧洲艺术珍品最多的艺术博物馆。离莫斯科河不远的西南郊有世界闻名的普希金俄语学院，它是面向全世界传授普希金心爱的母语的世界知名俄语教学中心。进入这座学府的大厅，映入眼帘的正是普希金优雅而潇洒的全身塑像，仿佛他早已来到这里，恭候着来自世界各地的青年学子。

　　漫步在俄罗斯最壮丽的"北方首都"圣彼得堡的涅瓦河畔，会看见海军博物馆旁边的一座华丽的巴洛克建筑，这就是著名的"普希金之家"，这里是俄罗斯科学院俄罗斯文学研究所的科研楼，也是俄罗斯文学博物馆。不言而喻，"俄罗斯文学之父"普希金当之无愧是俄罗斯文学的代言人。在美丽的莫伊卡运河畔有普希金生前最后的故居——莫伊卡滨河街 12 号。占据俄罗斯绘画和造型艺术最高殿堂俄罗斯博物馆前艺术广场中心的依然是普希金的神圣的塑像。不论是在莫斯科还是在圣彼得堡，都有以普希金名字命名的地铁车站，它们都处在繁华的市区，且装饰得诗意盎然。入夜时分，在都市的许多歌剧和芭蕾舞剧院中，观众总会欣赏到由普希金的著作改编的歌剧和舞剧，连斯基、塔吉雅娜和丽莎的咏叹调萦绕在富丽堂皇的剧场内外；《叶甫盖尼·奥涅金》《黑桃皇后》《马捷帕》《巴赫契萨拉依泪泉》等名剧在俄罗斯的舞台上长演不衰。来到俄罗斯，人们一定能感受到普希金无处不在。即使在十月革命后的苏联时代，普希金也是出现得较多的俄罗斯名人的形象。普希金何以如此让俄罗斯人心驰神往、爱恋不已？要解释其中奥秘，就必须从这个国度神秘而奇异的文化历程说起。

俄罗斯作为一个横跨欧亚的文化国度，与中国、印度、埃及、古希腊、古罗马相比，出现在世界上的时间并不很长。当古老的中国已经进入高度发达的盛唐时代时，俄罗斯才刚刚进入早期的文明时代，古代罗斯才在北欧瓦良格人的帮助下建立了自己的古老公国。他们从东罗马帝国拜占庭那里吸收了基督教文化，直接的传授者是保加利亚传教士。虽说俄罗斯在接受基督教文明前已经有了本民族的文史创作，如 "壮士歌" "编年史" 等，还在大约 12 世纪创作了自己的史诗《伊戈尔远征记》，但是总体而言，俄罗斯古代的文艺创作还十分原始和幼稚，后来的宗教文学——如圣徒传记——的艺术水准也不高。《伊戈尔远征记》主要记叙了罗斯王公伊戈尔为了名誉贸然远征而惨遭失败的故事，作品意在号召纷争的王公们为了保卫祖国摒弃内讧，一致对外。普希金从小就喜欢这部壮丽宏大的史诗。18世纪西欧启蒙主义文学传入俄罗斯后，文坛有了讽刺文学和感伤主义文学，出现了罗蒙诺索夫、杰尔查文、冯维辛、诺维科夫、卡拉姆津、茹科夫斯基和拉吉舍夫等著名作家。罗蒙诺索夫不仅是杰出的科学家，也是对文学界有特殊贡献的文学家。不过，他的诗歌的主题是颂扬君主，题材并不广泛，如《伊丽莎白诞辰颂诗》和《伊丽莎白登基颂诗》等没有脱离古典主义的窠臼。杰尔查文也是一个

卡拉姆津（1766—1826）

普希金师友诗人茹科夫斯基，画家艾斯捷列伊哈创作于1820年

诗人茹科夫斯基家的聚会局部（1834 年）

颇有才华的宫廷诗人，他的诗歌更是对叶卡捷琳娜二世等皇室显贵竭尽歌功颂德之能事，创作的思想意境尚停留在前启蒙时代，忠君意识极其浓厚。当然，他的颂诗《纪念碑》也启发了后来的普希金创作同题诗作。剧作家冯维辛发展了俄罗斯的讽刺文艺，他的杰作《纨绔子弟》有力地鞭挞了农奴制社会的愚蛮。政论家拉吉舍夫的《从彼得堡到莫斯科旅行记》被视为俄罗斯民主革命的先声，更是普希金战斗诗篇《自由颂》的先声。感伤主义代表作家、历史学家卡拉姆津在创作上和历史研究方面都达到了很高的水准，他的感伤主义小说《可怜的丽莎》和《俄罗斯国家史》在文学界和人文学界产生了较大影响。整体而言，普希金以前的俄罗斯文坛风气沉闷，对欧洲发达文化的模仿痕迹十分明显，民族文学并没有总体改观。自从天才的普希金在文坛崛起之后，这个国度文学的面貌开始焕然一新。他从民族文化深厚的土壤里汲取养料，广泛吸收当代西欧文化的优秀成分，并加以改造整合。他的创作语言清新、立意高远，充满民主进步的新思想；作品的题材和体裁极其丰富，反映的生活面极为广阔，艺术手法高超，民族风格突出。他的诗歌创作充分显现出一个民族的自信和文化的魅力。在普希金的带领下，俄罗斯文学终于摆脱了跟在西欧后面亦步亦趋的尴尬境地，逐渐在世界文学园地里占据了重要一席。普希金的经典著作不但在俄罗斯批评界，而且在西欧文学界都受到广泛重视。后来的文学史家开始将普希金与英国的莎士比亚、德国的歌德、法国的雨果、西班牙的塞万提斯相提并论。普希金使俄罗斯文学和文化终于可以与世界发达国家的文艺并驾齐驱。正是由于这个原因，普希金才被称为"俄罗斯诗歌的太阳"。

古老显赫的家族

斯特罗加诺夫宫画廊（1832 年）

俄罗斯文化之魂——普希金

普希金拥有古老而显赫的先祖。从他的自传体诗歌得知，他父系的先祖拉恰曾经在 13 世纪上半叶跟随俄罗斯的民族英雄神圣的亚历山大·雅罗斯拉维奇·涅夫斯基大公出征，且战功赫赫。16 世纪，第一个建立统一俄罗斯帝国的沙皇伊凡雷帝关照过普希金家族。17 世纪，普希金家族的许多成员跟随俄罗斯民族解放运动的领袖米宁苏霍鲁克参加了与波兰入侵者的斗争，并赢得声誉。在近代，普希金的先辈又成为宗法政权的缙绅会议的成员，后来其家族成员中有的官至罗曼诺夫王朝的御前大臣。17 世纪末，普希金家族中的费多尔参与了摄政王索菲雅的射击军团反对彼得大帝的叛乱活动，并在 1697 年被处决。尔后，其祖父列夫·亚历山大罗维奇在 1762 年也卷入了皇室纠纷，拒绝效忠叶卡捷琳娜二世，且参与了在芬兰湾彼得宫的暴动，拥戴彼得三世，失败后相继受到惩罚，被女皇关进了要塞。由于这一系列的变故，到了普希金出世的 18 世纪末期，整个普希金家族已经衰落。所以，普希金不无自嘲地说他生来就是一个"卑微的小市民"。他母亲的家族是彼得大帝的黑奴汉尼巴尔的后裔。早在 18 世纪，千古一帝彼得大帝远游西欧的时候买下了一个机灵的非洲黑人孩子。彼得大帝有搜罗世界珍奇人物和宝物的嗜好，他在新首都圣彼得堡建有珍宝博物馆，现在仍然可以看到这位帝王游历西欧时搜集购买的许多奇异珍宝，其中包括彼得大帝两米多高的巨人贴身侍卫的骨骼标本。这个来自遥远的埃塞俄比亚的黑人孩子汉尼巴尔被彼得大帝带回俄罗斯以后也留在沙皇身边做侍卫，后来他当上了将军，成为炮兵专家，又得到爵位和田产，从此这位俄罗斯未来诗神的母系先祖也有了贵族的地位。

他父亲谢尔盖受过良好教育，早年在俄罗斯"北方威尼斯"圣彼得堡当近卫军军官。他的脾气比较暴躁，不过，他的怨气或怒气也容易消散。他母亲纳捷日达·奥西波夫娜容貌靓丽，但性格有点沉郁，对孩子特别是对普希金很苛刻。谢尔盖和纳捷日达在结婚后不久就退役了，然后迁到莫斯科定居，住在雅乌扎河附近，那里不远处是工商业繁荣的小镇。1812 年战争爆发，他回到了军队，一度驻扎在波兰首都华沙，几年后又一次退役。他们一共生养了三个孩子，普希金是第二个孩子，也是长子。他有一个姐姐和一个弟弟，姐姐叫奥丽佳，弟弟叫列夫。普希金小的时候虽然很淘气，但却异常聪颖。他的记忆力尤其出众。大概超群的记忆力是许多天才的显著标志。普希金家族拥有一个藏书丰富的

童年普希金肖像，佚名画家创作于1814—1817 年

家庭图书馆，这给小普希金提供了得天独厚的成才环境。他如饥似渴地一本接一本地阅读，几乎是不加选择地读遍了父亲的所有藏书。普希金一家每逢夏季就到莫斯科郊外兹维尼格罗德的扎哈罗沃庄园去避暑，优美的田园风光滋养了普希金童年的心灵。大自然的美丽和清新在未来诗人的心中刻下了难以磨灭的印记。

外婆非常疼爱自己的外孙。与父母关系疏远的小普希金在外婆玛丽雅·阿列克谢耶夫娜身边却十分开心，因为外婆总是有说不完的故事和童话。普希金跟着精通俄罗斯文化的外婆学会了最初的俄语知识。外婆的语言简洁有力，

这种质朴的文风对后来的普希金的美学思想有深远的影响。普希金始终认为，简洁是散文的第一个优点。这种特点在普希金的小说创作中尤其明显。普希金一生崇尚简洁质朴的写作方式，可见外婆对他的影响是何其长远。

在普希金早期的诗歌写作生涯中，他最重要的启蒙教师首推他的叔父瓦希里·普希金。叔父当时也是莫斯科上流社会一位较有名气的诗人。瓦希里·普希金很早就发现了他小侄子的文艺天赋，便经常指导普希金阅读文学作品，教他写作诗歌。

普希金的奶娘阿丽娜·罗季昂诺夫娜是一位纯朴的俄罗斯农奴，是汉尼巴尔家族的女奴，虽然她在1799年就获

普希金奶娘肖像，画家马克西莫夫创作于19世纪末

得了解放，成为自由民，但是这个善良的劳动妇女却还是选择留在普希金家族里，一心照料小普希金和他的姐弟。阿丽娜有着丰富的民间文化素养，她也是讲述童话和民间故事的高手。普希金一生视她为自己的良友和知音。普希金成年后经常给奶娘写信、赋诗和给予生活上的帮助，以报答她的养育之恩。阿丽娜也完全将普希金视为自己的亲人，在寂静的外省祝福他好运。普希金一生中有许多亲密朋友，他们在普希金遭遇困难时给予过多方面的帮助和关怀。特别是与奶娘的友谊更是普希金生活的重要精神支柱，是他咏唱的重要主题之一。普希金一生中写过好几首诗，都是为了赞美和怀念这位慈爱的老妈妈，并且在他最著名的作品《叶甫盖尼·奥涅金》中以阿丽娜为原型塑造了一个慈祥奶娘的艺术形象。《冬天的黄昏》和《给奶娘》这两首小诗非常感人。前一首诗表现了普希金与奶娘在米哈依洛夫斯科耶相依为伴的情景：冬天的傍晚，北风呼啸，阴暗渐渐笼罩了天空，雪花漫天飞舞，普希金在读书，奶娘在纺车前劳作，为了解除奶娘的疲劳与寂寞，普希金提议小饮一杯，还请她唱支歌，深情地将她称为"我的老婆婆，我的朋友"，表达了普希金内心对老人由衷的感激和信任之情。后一首诗《给奶娘》则是普希金对已故去的奶娘的深切缅怀，他又亲切地称奶娘为"我严峻时日的好朋友"，在这些亲切而悲伤的诗句中，我们看到了他与劳动人民亲密无间的关系。外婆、叔父和奶娘成为普希金童年时代最重要的文化启蒙老师。

在普希金诞生的时代，法兰西文化风靡了整个俄罗斯，上流社会都以崇尚法国生活方式为时髦。普希金的父亲和母亲都说得一口流利的法语。酷爱法国文艺的母亲纳捷日达有时读法国浪漫小说入了迷，竟然忘记照顾自己的孩子。为了使普希金能获得标准的法式教育，父母为他请来了两位法籍家庭教师。其中的一位不仅谙悉法国文艺，而且还擅长绘画。在他的精心指导下，普希金既学会了法语，又熟练地掌握了绘画技能，使他很早就显得多才多艺。后来，他凭借绘画的才能，为自己的许多诗歌和小说画了插图和人物肖像。创刊190余年的俄罗斯《文学报》（这是至今仍然活跃在俄罗斯文化界的最古老的一份文学报刊）刊头的普希金头像就出自他本人的手笔。它是普希金颇为得意的自画像。

普希金的家里经常举办文艺沙龙。莫斯科和圣彼得堡的文坛名流茹科夫斯基、卡拉姆津、巴丘什科夫、德米特里耶夫以及普希金的叔父瓦希里·普希金都是他们家中的座上客。小普希金常常像个大人一样，静静地坐在一旁倾听长辈们谈论文学和艺术。那时，沙龙争论的话题是陈旧的古典主义与新兴的感伤主义的文学斗争。令人惊诧的是成年人的文化争论竟然让一个十来岁的少年听得津津有味。谈笑风生的文学家们大概不会想到，他们的小听众早就熟读了他们的作品；这些文坛名流更未能料到的是，也就十年的工夫，这个曾经静静坐在沙龙一角的少年将完全超越他们所有的人。

从 18 世纪中期到 19 世纪初的俄罗斯文学虽然有了一定的发展，出现了罗蒙诺索夫、苏玛罗科夫、杰尔查文、拉吉舍夫、卡拉姆津、茹科夫斯基和巴丘什科夫等一批著名诗人，但思想境界和审美水准总的来说不高。俄罗斯古典主义文学是法国古典主义的翻版，小说创作多是对英国历史小说的模仿。司各特的历史小说颇为流行。诗人们一味崇尚理性，醉心于对所谓"开明君主"的歌颂，颂诗体裁十分流行，作品的形式很刻板。总的来说，这些状况是彼得大帝全盘西化策略在俄罗斯文学艺术上的体现。杰尔查文成为文坛盟主以后，这种状况稍有改观。他为俄罗斯文学引进了一点现实的生气和自然的清新。西欧浪漫主义文学思潮传入俄罗斯后，文坛上又兴起了感伤主义。茹科夫斯基和巴丘什科夫是它的两个主要代表。作为一种消极浪漫主义，感伤主义大都表现诗人们悲观厌世、冷漠孤独的心绪，作品中流露出忧郁和神秘的气氛。茹科夫斯基开始在作品中注入本民族文化的内容，巴丘什科夫则更新了俄罗斯抒情诗的形式。普希金之前的文学发展史大体如此。它处于学步的阶段，但又充满着崛起的希望。小普希金在这样的文学沙龙里受到了俄罗斯和西欧文学的初步的熏陶。在莫斯科郊外兹维尼格罗德的扎哈罗沃村，普希金开始接受俄罗斯的启蒙教育。普希金每到夏天就来扎哈罗沃村居住。他在这片故土上通过外婆的教导领略了俄罗斯乡村的习俗和传统的文化。普希金第一次听到了具有神秘和传奇特色的古老的"壮士歌"。大力士伊里亚·姆罗梅茨等俄罗斯壮士的形象深深地扎根在普希金幼小的心里。

020　　　　　　　　　俄罗斯文化之魂——普希金

文学神童

涅瓦大街上的一家小书店（1833 年）

俄罗斯文化之魂——普希金

1812 年俄法战争前夕，普希金的叔父将小侄子从莫斯科带往具有浓厚近代文化气息的沙俄首都圣彼得堡。圣彼得堡是俄罗斯近代化的产物，从它建成的那天起就不断吸引和创造着俄罗斯的人才。1811 年的夏天，小普希金考上了专门培养贵族子弟的法式皇村法政学校。沙俄宫廷极为重视这所新型学校，特地将女皇叶卡捷琳娜二世的私家园林和宫殿的一部分批给学校办学。1811 年 10 月 19 日，谙熟俄法两种语言、能写善画的神童普希金幸运地成为这所贵族学校的首届学员。皇村学校创办庆典那天，沙皇亚历山大一世也亲自前来参加隆重的仪式。这是普希金第一次见到沙皇。俄罗斯君主开办皇村学校的目的本是为他的专制统治培植"人才"，企图阻止出现 1789 年法国那样的大革命。可是，这位欧洲神圣同盟的盟主做梦也没有想到，他力主创办的新式法政学校却造就了普希金这样具有民主思想的伟大诗人和未来的十二月贵族革命党人。仅仅过了三年多，未来的小诗人就开始崭露头角了，1814 年《欧洲导报》就发表了年仅十五岁的普希金的诗作《致创作诗歌的朋友》。

1815 年是俄罗斯文学史和文化史上值得特别记忆的一个年份。因为就在这一年，俄罗斯历史上第一位文学天才之星开始在文坛冉冉升起。这年年初的一个夜晚，天空瑞雪飘飘，大地寒气袭人。首都圣彼得堡南郊的皇村学校里一派节庆气氛。贵族学生和教师们都身着节日盛装，聚集在通往礼堂的道路两侧，满怀喜悦地迎候来自京城的嘉宾。没过多久，孩子们就听到了阵阵欢快的马铃声。一辆辆造型精美的宫廷贵族马车穿过椴树林徐徐驶入了这所培养皇朝人才的学校。陆续走下马车的有教育大臣、年迈的将军、东正教大主教、文坛名流和京城贵妇。金光熠熠的勋章与流苏闪闪发亮，浓郁的法兰西香水芬芳四溢，正是"宝马雕车香满路"呢！新年和东正教的圣诞节刚刚过去，今晚又有什么盛大庆典？为什么如此众多的名流荟萃皇村学校？原来，今晚这里将要举行皇村学校建校三年来首次公开的升级考试。皇村学校面临一次隆重的教学检阅，也是向俄罗斯社会展示法式教学成就的宝贵良机。面对如此重大的考验，这些平日活泼的贵族子弟心态不同、神情各异，有的轻松自如，有的紧张胆怯。但不管怎样，他们都竭力希望留给考官和嘉宾一个最佳印象。

巴洛克艺术装饰的大厅渐渐沉寂下来，考试如期开始了。舒适的贵宾席中坐着一位耄耋老者，如雪的发丝透出他经久的阅历，沉稳的神情显出他的位显资深。这位老者正是饮誉俄罗斯文坛的大诗人杰尔查文。杰尔查文莅临这次隆重的考试，可不仅仅是为了检阅皇村的文学教学，他的心中似乎还带着某种期盼。杰尔查文在叶卡捷琳娜二世时代曾经驰骋文坛、名震学界，而今年已垂暮，他是多么希望能有杰出的后学小生传承他那支为俄罗斯抒写的文笔啊。能够见到文坛巨匠，少年诗人和他的同学们也无比激动。普希金后来回忆说，这是他唯一一次与这位宫廷老诗人见面。他当时离杰尔查文只有两步远的距离。时光在肃静的空间中一分一秒地流逝，照本宣科的答问几乎让老诗人昏昏欲睡。然而，一个熟悉的名字刹那间唤起了杰尔查文的精神。近来，有人对杰尔查文说起过这个与众不同的学生，于是他的双眼闪动着希冀的目光。很快，一个身着黑色燕尾服、脚蹬高筒靴的青春少年站在了富丽大厅的中央。他个子虽然不高，但眼睛却炯炯有神，颇具磁力。卷曲的头发、黝黑的肤色暗示着他独有的血统。面对京城的

青年普希金肖像，画家盖特曼创作于 1822 年

名流嘉宾，少年神情自若，仿佛在一群亲朋故旧中间。伴着悠扬的钢琴声，少年深情而激昂地朗诵起自己创作的诗篇《皇村的回忆》，他用诗歌把人们带进了如梦的幻境：明月天鹅般地游弋在夜幕的云朵里，远处溪水潺潺，微风穿行林间，树叶与仙女婆娑起舞，瀑布清流，浪花飞溅……这就是少年诗人心中的俄罗斯"北国安乐之乡"、景色迤逦迷人的皇村花园。可是，这里不仅仅有盛世繁华，也遭

俄罗斯文化之魂——普希金

受过俄法战争的考验。1812 年风暴来临，皇村的青年为了保卫他们的家乡，毅然奔赴前线。少年的长诗中饱满而昂扬的爱国主义激情深深地感动着、震撼着考场内的每一位听众，特别是那些不久前亲身经历过抗击拿破仑侵略的卫国战争的人们。少年颂诗的最后一个音节刚结束，大厅里立刻就响起了激动的喝彩声。在狂热的掌声中，杰尔查文情不自禁地站了起来，他很长时间没有听到气势如此恢宏的诗篇了。那崇高的主题、那严谨的结构、那流畅的诗句、那古罗斯史诗般的风格，竟出自一个年仅十五岁的少年，确实既令他惊叹又让他欣慰。杰尔查文由衷地意识到，俄罗斯文学香火的传人就在眼前哪！此时此刻，他恨不能立刻将少年拥入自己怀中。可是，那个稚气未脱的

普希金在皇村学校公开考试中朗读自己的成名作《皇村的回忆》，画家列宾创作于 1911 年

莫伊卡运河上的红桥（1820 年）

俄罗斯文化之魂——普希金

小诗人却一阵风似的跑进夜色掩映的皇村花园里去了。这个被俄罗斯文坛盟主杰尔查文认定的诗坛新星正是后来成为"俄罗斯诗歌的太阳"的亚历山大·谢尔盖耶维奇·普希金。几乎是一夜之间,普希金的英名就传遍了整个圣彼得堡文学界。他的成名作很快就发表在国家级的文化刊物《俄罗斯博物馆》上,接着又被收进《俄罗斯范文》中,被酷爱文学的读者广为传阅。从此,俄罗斯文学经典作家的名录里又增添了一个闪光的名字。

在这所贵族子弟云集的学校里,普希金依旧保持着他那天真烂漫、乐观活泼的性格。他不喜欢照本宣科式的讲课方式,数学、统计学也不是他的兴趣所在,吸引这位多才多艺的少年的依然是文学和艺术。荷马、维吉尔、奥维德、贺拉斯、莫里哀、伏尔泰、卢梭、司各特、拜伦、罗蒙诺索夫、杰尔查文、克雷洛夫、卡拉姆津、茹科夫斯基都是普希金热爱的作家。皇村学校的学习环境极为优越,许多有名的教授在这里讲课,学生们可以享用皇家的图书馆。普希金简直可以说是一个"书虫",他不但在学校拼命地看书,而且回到家里也常常钻进父亲的书房里,一读就是几个小时。而且读的还是连成年读者都望而生畏的大部头著作,诸如荷马史诗《伊利亚特》《奥德赛》之类。据普希金的弟弟列夫回忆,普希金大约在十一岁时就几乎把所有的法国文学名作铭记在心。他很早就开始了文学创作，写题词，写寓言故事，甚至还编些小型喜剧，并且在小伙伴面前表演自己的作品。中国大诗人杜甫"读书破万卷，下笔如有神"的名句精辟地阐明了勤奋阅读与创作成功的因果关系。普希金的阅读写作经历也恰恰印证了这个颠扑不破的创作规律。据专家考证，普希金精通法语和英语，还掌握德语、西班牙语、意大利语、拉丁语、希腊语和多种斯拉夫语言，在翻译《约伯记》时，还研究过古犹太语，这样丰富惊人的语言知识和能力使他有条件博览群书。人们发现，仅在普希金后来的家庭图书馆里，他阅读和浏览过的图书和杂志就有 1523 种 3560 卷。

难忘皇村

塔夫里塔宫一侧（19世纪初）

俄罗斯文化之魂——普希金

皇村，圣彼得堡南郊一处幽静美丽的地方。茂盛的椴树林中有一片巴洛克式的古典主义宫殿群和皇家园林，它几乎是模仿法兰西凡尔赛宫风格来修建的，其中也有一些东方风格的亭台、古希腊罗马造型的神像雕塑点缀林间。春夏时节，树木葱郁，花香四溢，白天鹅安详地游弋在宫殿前的湖面上，普希金称这里是"俄罗斯北方的安乐乡"。而对于皇村来说，更加绚丽的风景是在秋季，当阵阵秋风从波罗的海吹来时，一望无际的椴树林就被大自然这个神奇魔术师点染成金黄的色彩，在湛蓝的天幕下椴树林像拔地而起的巨大的金色帷幕，壮观之极；片片落叶飘落在翠绿的草地上，大地仿佛又铺上了金黄柔软的地毯，白蓝相间的巴洛克宫殿在这金黄色彩的背景上，显得极为高贵华美。宫殿和园林的主人是俄罗斯 18 世纪的女皇叶卡捷琳娜二世。所以，这座宫殿也叫叶卡捷琳娜宫，四周的园林被称为叶卡捷琳娜园林。这位著名的女皇虽然有德国血统，又长期执政俄罗斯，但她非常崇尚法国文化，自称为伏尔泰的女弟子，因而在她居住的冬宫和皇村都矗立着那位法兰西思想家的塑像。在她的影响下，法兰西文化渐渐取代了北欧文化，风靡俄罗斯。

石头岛上的新村（局部）（1801 年）

俄罗斯文化之魂——普希金

普希金这一代贵族青年在皇村受到的教育中，法国文化的分量非常明显。来到皇村的这所贵族学校深造的学生中，有不少都抱着取得功名的幻想，希冀仕途坦荡。而唯有普希金对当官看得很淡，他才不想为沙皇当差呢！对于他来说，诗歌创作才是生命的真正意义。他认为，一个人能安于淡泊就很幸福。他常常把自己关在书房里，仿佛忘

却了整个世界，他时而兴奋、时而忧郁地同古典作家对话。给他乐趣的是一些歌唱爱情的歌手和诙谐幽默的散文家。他叹服荷马史诗的气势磅礴，为莫里哀的幽默机智所倾倒，卢梭的缠绵情愫打动了他那颗多情的心，而拉封丹、克雷洛夫的寓言又给了他以智慧和启迪。普希金虽然喜欢名著，但不盲目崇拜权威。他具有哲学的思辨能力，被同学们称为"逍遥派哲学家"。

少年普希金在许多方面都表现出他是一个出类拔萃的人。课余时间，他写诗歌、写喜剧、写戏剧评论。连年逾七旬的杰尔查文都不得不承认，普希金在皇村求学期间所写的作品已经超越了当时俄罗斯所有的作家。尤其是1815年那次公开考试以后，普希金的卓绝才华得到了俄罗斯文学界的普遍推崇。文坛的巨子如巴丘什科夫、茹科夫斯基及维雅捷姆斯基等名家都亲自来到皇村学校看望这个天才少年。英俊潇洒的诗坛领袖茹科夫斯基还同普希金交朋友，前辈与后生之间没有任何年龄代际隔阂，茹科夫斯基特地将自己得意的一幅肖像赠送给他。普希金也极为珍视茹科夫斯基的这幅肖像，总是将它悬挂在自己的书房里。普希金就读皇村学校时，已经参加了由文坛名宿组成的文学团体"阿尔扎马斯"，卡拉姆津和茹科夫斯基还有普希金的叔父瓦希里都是这个文学社团的盟主，成员们都很喜欢他。

1816 年春天，阿尔扎马斯诗歌社的成员卡拉姆津、茹科夫斯基、维雅捷姆斯基、屠格涅夫、普希金的父亲谢尔盖和叔父瓦希里齐聚皇村，他们共同庆祝卡拉姆津的巨著《俄罗斯国家史》八卷本写作的完成。在叔父的引见下，普希金也参加了这个诗社的庆祝会。叔父对自己的侄子说："要听卡拉姆津的话，尊重他，他的意见对你有益。"此后，当卡拉姆津住在皇村时，普希金就经常去看望他。

热情的天性和雄辩的口才使普希金在同学们当中享有较高的威望。他很乐意给小伙伴们讲文学故事，朗读诗歌，杜撰笑话，同他们一起去郊游踏青，一块去欣赏歌舞戏剧。同学们还在普希金的带领下编自己的手抄版杂志《皇村智者》。普希金的诗歌常常作为杂志的核心作品，在校内外广泛传阅。就是在这个如诗如画的北国花园里，他第一次感受到了爱情的温馨。他的爱情诗篇起初就是从这里诞生的。在这爱情和缪斯的王国里，一位才情横溢的文坛领袖正在成熟。

皇村学校作为一所近代西式教学机构，充溢着启蒙主义思想。青年教授库尼钦是一位激情燃烧的爱国知识分子，他常常给学生们宣传为祖国服务的进步思想，教导他们树立公民意识，号召他们为国家建立功勋。普希金入学的第二年，即 1812 年，俄罗斯古老而年轻的大地经历了一场血

冬宫军徽大厅（1835 年）

与火的洗礼。由于拿破仑的入侵，俄罗斯人民掀起了保卫家园的英勇斗争，这便是俄罗斯历史上第一次卫国战争。俄罗斯军民在卓越的统帅库图佐夫元帅的领导下，浴血奋战，终于打败了不可一世的拿破仑的侵略军。这场战争唤起了俄罗斯民族意识和民主精神的觉醒，民主革命的意识首先在贵族进步军官中萌动，被无产阶级革命导师列宁称为俄国革命的"贵族革命时期"由此开始。当时，皇村学校附近驻扎着一批近卫军。这些热血的近卫军军官在反拿破仑的战争中受到法国民主思想的洗礼，深切地感到自己与祖国历史和未来的血缘关系，认识到自己承受着重大使命。随着他们的回归，法国18世纪末大革命的进步思潮也开始在俄罗斯这片古老的大地上传播。进步的贵族青年越来越深刻地意识到，专制农奴制度是阻碍国家经济文化发展的桎梏。他们不仅热切地梦想，而且敢于行动，试图掀起一场社会革命。还在巴黎驻扎的时候，近卫军内部就成立了政治小组，这就是十二月党人的雏形，他们自称"俄罗斯勇士"。少年普希金通过与青年军官恰达也夫等人的交往也了解了西欧民主思想和反沙皇专制的政治主张。他们是在卡拉姆津家里相识的，那时，恰达也夫刚刚从西欧回国，带回不少那里的新情况。恰达也夫在普希金的政治意识成熟过程中，起过非常重要的作用。起初，普希金甚至有些崇拜恰达也夫，将恰达也夫引以为最忠忱的同志。他在诗歌里深情呼唤："同志，请相信，那迷人之星将冉冉升起……"他这首最著名最优美的政治抒情诗就是献给恰达也夫的。他们对沙皇专制体制的态度完全一致，但是在如何建设新俄罗斯的问题上却存在相当大的分歧。恰达也夫有过多次旅居西欧的生活经历，对西方进步体制和文化十分倾心，他在政论界和哲学界提出了"俄罗斯与西方"问题，也就是19世纪斯拉夫派和西欧派争鸣的前奏。他是主张全盘西化的哲学家和政论家，他的哲学和政论观点在其著名的《哲学书简》有系统阐发。普希金对俄罗斯的发展有自己独到的见解。在给友人的一封信中，他认为，将俄罗斯划到欧洲是地图学上的一个失误，俄罗斯有自己的使命和道路。不管普希金和恰达也夫及其政治盟友有怎样的分歧，从此，生性酷爱自由的普希金很快就成为进步人士的知心朋友。反农奴制和追求自由的思想在普希金的心中扎下了根，他在政治上也逐渐成熟起来。普希金的朋友普欣、杰里维格和丘赫里别克尔等皇村学子也经常去拜会进步军官小组成员穆拉维约夫。这一时期普希金写下了一些反专制、颂扬自由的诗篇。总的来说，这一时期普希金诗篇的基调是乐观的、斗志昂扬的。

普希金在皇村学校结交了一批挚友，杰里维格、普欣、戈尔恰科夫、丘赫里别克尔等成为其终生难忘、志同道合的密友，特别是杰里维格和普欣在普希金的生命里意义非凡。普欣清晰地记得入学时在大厅里点名的有趣情景，因为普希金这个姓氏的俄语读音与普欣极为接近，所以当教务长点到普希金的姓氏时，这两个年龄相仿的男孩都回应起来，此时此刻，普欣发现了肤色黝黑而充满灵性的男孩普希金。普希金同时也注意到一个在读音上与自己相似的姓氏——普欣。说来极巧，普欣住在圣彼得堡莫伊卡运河边的 14 号，与普希金家租借的房子不远。普欣经常来找普希金玩，还自愿充当起普希金的"导游"，带他去欣赏涅瓦河和周边的街景。普欣后来成为一个激进的贵族革命党人，他的政治见解让普希金甚为佩服。杰里维格在入学考试那一天就同普希金相识，他们都考出了好成绩。普希金与杰里维格几乎有共同的艺术趣味，他很欣赏杰里维格敏锐的审美感觉，经常将自己的诗作奉送给杰里维格，倾听其批评。与普希金相比，杰里维格更是一个充满理性的少年。普希金偏爱法国文学，而他热衷德国文学。当时，皇村学校的小伙伴们喜欢相互取一些亲昵的外号，因普希金从小就能讲一口流利的法语，性格又十分浪漫，于是大家赠给他的外号就叫"法国人"。他们在学校写诗歌、办刊物，情趣盎然，友谊渐深。在皇村学校普希金写出了他最早的一些诗歌习作，其中有《给姐姐的献词》《赴宴的朋友们》《致闻烟草的美人》《给巴丘什科夫的献词》。此外，还创作了剧本《致旅行家》等等。

与普希金同时入学的学生都是皇村学校第一期的，普希金特别看重这个"皇村一期"，毕业后每逢 10 月 19 日校庆纪念日，他都要召集"皇村一期"的毕业生欢聚一堂，共忆当年同窗的美好时光。普希金一生珍视他们的友谊。可是，随着岁月流逝和命运的作弄，同学中有的英年早逝，有的远走他乡，"皇村一期"的同学越来越难以聚齐。1836年的校庆前夕，有人提议扩大欢聚的范围，突破"皇村一期"的小圈子，但事先还是征求了普希金的意见，以免其不悦。最让普希金慨叹的是，杰里维格竟然在自己新婚宴尔之时意外早逝，而普欣则因为参加十二月革命起义被流放西伯利亚，未能让挚友分享喜悦，普希金感伤不已。从皇村时代起，对皇村同窗友谊的颂扬和怀念一直成为普希金抒情诗歌的重要主题之一。

文学界前辈对未来的小诗人表现出极大的关注，许多文坛名宿都愿意成为普希金的忘年交。普希金家族的朋友、感伤主义文学的泰斗、历史学家卡拉姆津比普希金大三十三岁，甚至比普希金的父亲都年长，连茹科夫斯基和屠格涅夫都是他的学生，因此，对普希金来说，卡拉姆津简直可以算作他的"文坛祖父"。可这位老前辈也把普希金看作自己的文坛至交，在老人的眼里，普希金是可以与古希腊的诗人品达罗斯媲美的。在普希金周岁生日那天，谢尔盖·里沃维奇的好朋友都前来祝贺，卡拉姆津甚至神奇地预言说："在俄罗斯又一位品达罗斯诞生了。"普希金很早就喜欢卡拉姆津。在普希金就读皇村学校的后期，卡拉姆津携家眷搬到皇村居住，安心写作他的鸿篇巨制《俄罗斯国家史》。这让普希金有了更多的机会去接近这位大作家，同时熟读了卡拉姆津的作品。早期浪漫主义诗人茹科夫斯基更是普希金终生的忘年交。普希金的许多作品都是与他唱和的产物，特别是其浪漫主义成名作《鲁斯兰与柳德米拉》就是在茹科夫斯基作品的启发下写就的，而且是青出于蓝而胜于蓝，将消极浪漫主义改写为积极浪漫主义。维雅捷姆斯基公爵也是普希金结识很早的诗人朋友。在普希金生命的最后时刻守护在他身边的有两位挚友，一位是他的良师益友茹科夫斯基，另一位就是维雅捷姆斯基。维雅捷姆斯基比普希金大七岁，不仅诗歌写得好，还擅长文学批评。他也是一个崇尚欧洲文化的青年，他有个绰号叫"欧洲人"。他同情贵族革命党，虽然没有加入他们的秘密组织，但是被视为没有参加贵族革命起义的十二月党人。在革命党人遭到残酷镇压时，他对沙皇当局进行了尖锐的抨击。普希金非常敬佩他的正义感和勇气。维雅捷姆斯基后来成为普希金作品最积极的推广者，无私地为普希金的创作奉献心力。

自由的歌手

涅瓦河上的冬季赛马

俄罗斯文化之魂——普希金

1817 年秋天，普希金以优异的成绩毕业并被分到外交部工作。普希金毕业后的第一个心愿就是去故乡普斯科夫省的米哈伊洛夫斯科耶度假。自从他离开莫斯科的扎哈罗沃以后，还从来没有纵情呼吸过乡村大自然清新的空气。经过圣彼得堡南边的加特奇纳和卢加，他第一次踏上了故乡的土地，在那里外婆和奶娘阿丽娜热情地迎接了他。她们也是六年都没有见过普希金了。如今看到已经长大成人的普希金，两位老人立时喜泪纵横。普希金第一次在米哈伊洛夫斯科耶领略了故乡的美韵——参天的松树、秀俊的白桦、清凉的溪水、静静的湖泊、典雅的庄园，这是多么适合缪斯栖息的环境啊，他迷上了这片故土。

返回圣彼得堡后，普希金开始了枯燥的"办公"生涯。但是，他始终喜欢自由而富于创造的生活。除了应付公差，他把时间都用在阅读创作和结交文学的朋友上。作家卡拉姆津、茹科夫斯基、维雅捷姆斯基等都是他经常会面的良师益友。1819年春花烂漫的时节，圣彼得堡的进步知识分子成立了一个文学戏剧小组，名叫"绿灯社"。绿灯社的成员都是文学界的一些名流，后来有些成员成为著名的十二月党人。普希金虽然不是这个文学社团的正式成员，却也经常参加这个小组的会议。实际上他已经成为这个进步社团的精神核心。他经常在这里朗读自己的新诗，与文艺界的朋友们谈论俄罗斯戏剧的发展状况，探讨社会政治问题。他的创作才华和精辟见解使朋友们深为折服。他也决心在京城文坛上干一番惊天动地的文学事业。

普希金从小对俄罗斯的民间故事烂熟于心，更喜欢从民间文学的素材中寻找创作灵感。1820年，他的一部风格清新的力作就轰动了文坛。读者们"以狂喜的心情"迎接了这部精彩的童话作品，这就是诗体童话《鲁斯兰与柳德米拉》。他所描绘的新奇的童话世界一下子就深深地印在了每一位读者的脑海里。这部童话长诗的问世扫除了古典主义的刻板和感伤主义的阴霾。浪漫主义先辈茹科夫斯基向这位敢于创新的诗坛新星表示了真诚的祝贺和钦佩，心悦诚服地对普希金说："学生已经战胜了老师。"

随着思想上的成熟，普希金不仅仅是关心俄罗斯文学的进步，也更关心祖国的命运。时代和社会的风浪也时常在他的诗作中掀起层层波澜。这一时期，他写下了《自由颂》《致恰达也夫》《乡村》等著名的政治抒情诗。他在《自由颂》中，大声疾呼把自由还给受难的奴隶。普希金曾在其友人屠格涅夫的家中朗诵了拉吉舍夫的《自由颂》，决心追随他继续为自由而击鼓呐喊。1817 年，普希金在米哈伊洛夫王宫附近的朋友家中创作了决定他命运的长篇颂诗《自由颂》。这首颂歌是他创作生涯中的一个转折点，在此之前，普希金创作的主题多是爱情、友谊、快乐或忧郁的生活，而今他要更多地为自由和正义而歌唱，要反映人民的呼声，吟咏时代的主旋律。普希金在写这首诗之前已经接受了建立资产阶级法治国家的思想。他赞同卢梭的社会契约论，认为俄罗斯要打碎奴役的枷锁，就必须走法制建国的道路，无论是平民还是帝王都不能超乎法律之上，个性的自由也只有遵循法律才能得到保障。他告诫沙皇不要忘记君权是法理所授，而不是上苍的给予，因而要受法理的支配。普希金的这首《自由颂》是进步社会思想在文学中的表现。由于它明确和激烈的反专制意图，沙皇政府是根本不能容许它公开出版的。但这首诗并没有被扼杀，自它问世以后，迅速以手抄本的形式流行，对当时的贵族革命起了巨大的推动作用。普希金本人因为这首革命诗篇而

普希金自画像（1823年）

遭到沙皇的迫害，被流放到异乡。《自由颂》的艺术手法之一是从历史指向现实，从异邦指向故乡。路易十六和保罗一世这两个暴君的覆灭都是因为践踏了人民的自由。而路易十六之死则被普希金看作法理的失败，它导致了另一个暴君拿破仑的出现。普希金不赞成法国资产阶级革命中的过激行动，他主张一切行动都应遵从法理。这首诗仍然保留有传统公民诗的色彩，语体庄严，既有抒情又有叙事，同时还融进了浪漫主义的飘逸，是古典主义和浪漫主义的有机结合。

而1818年创作的政治抒情诗《致恰达也夫》，是文学家普希金向思想家普希金转化的关键力作。而且这首诗歌被普遍认为是在普希金歌颂自由、呼唤革命的诗篇中传诵得最广的一首。这首诗篇发表时普希金才十九岁。激情的诗篇从青年人的觉醒写起："爱情、希冀、小有的名气，并没有将我们长久欺瞒，即便青春的欢娱，也如梦幻，恰似晨曦的露水悄然消散；可我们的心灵炽燃着心愿，在暴政的压迫下，心忧如焚的我们正聆听祖国的呼唤……"

众所周知，这首诗是献给普希金的挚友、贵族青年军官、哲学家恰达也夫的。诗人还在皇村学校读书期间就同恰达也夫相识并结下了深厚的友谊。他们共同谈论俄罗斯的历史，叙谈1812年对拿破仑的胜利，畅想他们所期待的对俄罗斯社会的改造，特别是俄罗斯与西方的关系问题。恰达也夫的专著《哲学书简》也是19世纪初期反农奴制的重要思想文献。这位具有民主思想的哲学家对普希金的政治意识也有很大的影响。《致恰达也夫》是时代精神在一个浪漫的青年诗人心中引起的回响。从天性上讲，每个青年都是热情的幻想家，也都是理想的歌唱者。他们憧憬甜蜜

圣彼得堡大剧院（19世纪初）

的爱情，渴望美好的前程，建功立业的光荣也时常闯入他们的梦乡。普希金回顾了他们这一代走过的道路。他自己就是怀着金子般的梦想跨入皇村学校的。皇村学校、初恋和圣彼得堡上流社会的浮华也一度让少年诗人心动。但是，愉快的学生时代、飞逝的青春与梦幻只是有志青年人生道路中短暂的一程。远大的抱负、自觉的意识很快让他们的生命之舟开出了虚幻的避风港，驶进了更为广阔的海洋。进步的思想点亮了青年人心中的火炬。他们痛恨专制，颂扬自由，焦急地等待着为祖国和人民献身的那个神圣时刻。普希金对俄罗斯的前途充满了信心。

《致恰达也夫》是一曲青春的礼赞，是一首催人奋进的进行曲。这首诗把青年人的激情和革命的信念完美地结合在一起，抒发了青年人壮志凌云的情怀，表现了青年一代由幼稚的冲动转向自觉革命的现实过程。青年是祖国的希望，俄罗斯青年的觉醒就是这个古老国度的觉醒，他们把自己的命运同国家的命运紧密相连。这首诗唱出了青年的心声。在俄罗斯诗歌史上把情诗风格与爱国主义主题有机融合为一体是普希金诗作的一个诗意创新。因为正是有了这首诗主题和表达上的创新，才有了后来诗人丘特切夫把普希金与俄罗斯的初恋紧密联系于一体，"普希金，俄罗斯的初恋，我们不会忘记你"。因而，当时的进步青年都争相传诵《致恰达也夫》，它成为十二月革命的序曲。普希金预言："同志，相信吧，它就要升起，这是迷人的幸福之星。"从那以后，普希金的革命诗句就激励着一代又一代的俄罗斯仁人志士在艰难的解放道路上前进。

《乡村》是继《自由颂》之后普希金的又一力作。1819年，他来到米哈伊洛夫斯科耶。贵族的花园美丽而舒适，这里幽静、清凉，野花开满绿原，渔人泛舟湖上。在对美丽大自然的描绘和赞美上，在崇拜大自然的思绪上，《乡村》都显露出普希金对英国浪漫诗人华兹华斯的诗思的尊崇。通过接近大自然来认识真理，这是华兹华斯给普希金

米哈伊洛夫斯科耶庄园，画家伊万诺夫的临摹，创作于 1837 年

俄罗斯文化之魂——普希金

的思想启迪。然而在这歌舞升平的背后，普希金却看到了另一种惨不忍睹的情景：野蛮的地主抢夺农奴的财产，到处是皮鞭和眼泪。《乡村》一诗开篇虽然以田园牧歌式的情调描绘了贵族庄园的美景，但很快他的笔锋一转，指向残酷的现实。有正义感的他清醒地意识到，田园牧歌并不是俄罗斯乡村面貌的全部。在真理和良知的鼓动下，普希金向世人展示了那升平景象背后的苦难。这首诗主要采用对比的手法，将贵族庄园的和谐富足与农奴的痛苦贫穷相对照，揭露了统治阶级对民众的压迫。能够正视社会的弊端，抨击地主的野蛮残酷，同情穷苦农奴，这正是普希金不同于那些只会歌功颂德或沉湎个人悲欢的贵族诗人的可贵之处。他创作《乡村》时，社会上盛传亚历山大一世有意更改农奴制，所以，这首诗的结尾也流露出诗人对沙皇的虚假仁慈抱有幻想，寄希望于某种自上而下的改良措施。不过，普希金并没有长久地迷醉于这种幻想。残酷的现实使他认识到，沙皇的许诺完全是愚弄视听的把戏。他在1821年写的《匕首》一诗中又重新表达了同农奴制决战的信念。诗歌犀利的言辞曾使沙皇不寒而栗。普希金并不刻意为自己的作品选择诗意的对象，对他来说，所有的对象都同样充满了诗意。匕首本是一件平常的兵器，但他却从它身上看到了斗争的历史和意义。通过匕首表现出被压迫者的仇

《别了，自由的原动力》，画家艾瓦佐夫斯基和列宾共同创作的"普希金在黑海岸边"

俄罗斯文化之魂——普希金

恨和反抗者的勇气。在这把锋利的匕首的寒光中也折射出统治者的恐惧。他虽然赋予自己的吟咏对象以传说的色彩，但它的现实感是极为明显的。这首充满斗争性的诗篇没能发表，却以手抄本的形式迅速流传开来，鼓舞了革命志士的信心。

"别了，自由的原动力！最后一次在我的面前，你翻滚着蔚蓝的波涛，而且闪耀着傲然的色彩。"1824年创作的《致大海》是普希金浪漫主义政治抒情的经典之作。诗人因写革命诗篇被逐南俄后，大自然就成了他最亲密的朋友。普希金在芬兰湾海边的圣彼得堡度过了他的少年和青年时代，那时他对大海就十分眷恋。他后来谪居敖德萨和克里米亚时经常独自一人徘徊在海边。他喜欢拍岸的惊涛，他羡慕大海的自由。这蓝色的世界给予了他自由的联想，冲涤了他心头的苦闷。他时而想起了叱咤风云的拿破仑，时而又想起了投笔从戎的拜伦，即他思想上崇拜的另一位"君王"。海风吹动自由的波澜，也吹来奔放的诗情。普希金在转回内地之前，就写下了《致大海》，以此献给他心爱的"蓝色的朋友"。

普希金最敬慕大海的品格是"什么都不能使他屈服"。在他的眼里，大海是勇猛无畏的斗争者。天气愈是险恶，它们愈是敢于激荡。普希金在诗中追忆了拿破仑和拜伦，认为他们两人均有大海一样的品格，都是自由的象征。这首诗在抒情中缅怀，又在缅怀中抒情。他用"狂放无羁"的自由精神把历史人物和自然景观贯穿起来。普希金的整个身心都融化在那汹涌浩瀚的蓝色里。他将带着海的闪光、海的冲撞和海的力量走向远方。这首诗表明作者将永远恪守追求自由的信念，保持斗争的性格。

《致大海》一诗似大海本身一样，气势博大，澎湃激荡。历史的氛围又使诗歌蕴含着深广而凝重的分量。诗人以历史主义的眼光评价了拿破仑的功过：在拿破仑的旋风所到之处，封建势力纷纷垮台，他曾经是新兴资产阶级的代表，但后来却做了专制主义的俘虏。诗人以拿破仑悲剧性的命运反映了社会历史发展的曲折。

诗歌的意象是在抒情和写意中形成的。现实中的大海是诗人歌咏的对象。他运用对比的手法描摹大海的秉性。在诗里一边是闪耀着傲然色彩的大海，另一边是孤独苦恼的诗人。大海的喜悦与诗人的忧郁对比鲜明。在诗中既有喧腾激荡的海浪，又有寂静不动的荒漠。他用活跃的大海反衬出陆地的僵死。严格地说，普希金诗中对大海的描写不很具体，主要是通过写意和抒情将现实的大海转化成一种自由精神的象征。作为一首浪漫主义的诗篇，它刻意突出了大海那反复无常的特点：任性而汹涌。狂放不羁、喜怒无常正是浪漫主义作家经常塑造的性格模式，由此而表达出对自由境界的渴求。这首诗没有孤立地抒情、写景和缅怀，而是将三者有机地融为一体，从而在个人的感遇中闪现出时代的精神。

《自由颂》《致恰达也夫》《乡村》和《致大海》被文学史家们公认为俄罗斯积极浪漫主义的代表作。诗中激昂向上的格调、深远开阔的意境和热情似火的情绪给 19 世纪初的俄罗斯抒情诗带来了勃勃的生机。值得一提的是，普希金的这些诗篇虽然也采用了感伤主义文人常用的一些意象，但它们或被赋予了积极的意义，或是作为展示主题的铺垫。在诗中，"幸福迷人之星"暗喻自由光明的新的社会制度；用"小有名气"来反衬"祖国的召唤"；用"梦幻"和"朝雾"来烘托光芒四射的星空。这些手法表现了这位杰出诗人化平庸为神奇的艺术功力。同时也说明普希金是一位尊重艺术传统、善于在继承的基础上创新的诗歌革新者。

这些政治抒情诗篇有的寄予了对穷苦农民的深切同情，有的表达了改革农奴制、建立君主立宪制的愿望。诗人深信，俄罗斯终有一天要从睡梦中苏醒，自由幸福的星辰必定会升起并照亮自己的祖国。普希金的政治抒情诗像寒冬里的一团火，温暖了苦难中的民众，又像嘹亮的冲锋号鼓舞着为自由而战的仁人志士。沙皇政府的书籍检查官们害怕他的自由声音在京城传扬，就下令查禁普希金的作品。沙皇政府还决定把他发配到遥远荒凉的西伯利亚去。文坛巨匠茹科夫斯基和卡拉姆津、友人恰达也夫、奥列宁教授以及普希金在外交部办公厅的顶头上司和母校不断为其说情，普希金也做出了一定的妥协，答应在两年期间不写反对沙皇政权的任何东西，这才得以免除劳役之苦，但却被流放到远离圣彼得堡的南俄地区。

流放之路

衣着考究的贵族乘轻便马车

俄罗斯文化之魂——普希金

1820 年 5 月，普希金从外交部被"调往"南俄殖民区总督英佐夫中将公署任职。他的流放生涯凄然开始。南行路过哥萨克地区时，他第一次看见了滔滔的顿河。这是俄罗斯的一条辛酸的河流、一条传奇的河流。望着滚滚的波涛，普希金想起了他读过的有关 17—18 世纪农民起义领袖斯杰潘·拉辛和普加乔夫的壮烈故事，他们都是顿河流域的大英雄。普希金面对奔腾的大河情不自禁地呼喊了一声："你好啊，顿河！"在他后来献给顿河的诗歌里，读者体验到了他的款款深情："在宽广的原野之间闪耀着粼粼的波光，这就是顿河在流淌！……从你遥远儿孙那里我带来了对你的膜拜。"诗中"静静的顿河"这一词组后来启发苏联著名作家肖洛霍夫将它作为自己名作的书名。抵达叶卡捷琳诺斯拉夫不久，普希金染上了疾病，据说是在第涅伯河的急流中戏水引起的。幸好得到路过此地的友人拉耶夫斯基将军一家热情相助，他才得以从病魔手中解脱出来。当时，拉耶夫斯基一家也正好从基辅来到这座南俄古城。将军的小儿子意外发现了潦倒的普希金。他急忙叫上随行的私人医生卢迪科夫斯基一起来到普希金旅居的破败小屋。在这里他们见到了一幅既令人生怜又让人钦佩的情形，普希金衣着破旧、形容憔悴、不修边幅，却强打起精神，靠在沙发上构思自己的诗作。普希金真无愧于诗人的称号，即便疾病缠身，也还在进行创造性的文学劳动。医生经过检查，发现普希金患上了疟疾，于是他就给普希金开了一些最好的药。得到精心治疗后，普希金逐渐好了起来，而且和医生成了好朋友。他甚至还戏称卢迪科夫斯基是"御医"。当他们一起住在戈里亚切沃茨克的旅社时，普希金自告奋勇地为大家填写登记表，顽皮的青年诗人把自己的身份称为"纨绔子弟"，而把卢迪科夫斯基的身份填写为"御医"。没有想到，他这个玩笑竟被当地的管理官员当真了。卢迪科夫斯基受到特殊礼遇，他不得不反复解释并更正了身份，才避免了更多的尴尬。这从一个侧面也显露出普希金在拉耶夫斯基家族中生活的放松和随意。他更像一个淘气大孩子，而不像九等文官。

老将军拉耶夫斯基是一个善良而智慧的老人，他是

俄罗斯文化之魂——普希金

1812 年战争的老英雄。他也很欣赏青年普希金的才华。普希金非常敬重这位长辈，更为他的光荣历史所吸引，喜欢跟老人进行愉快的对话。他们的话题涉及政治、文化、俄罗斯的历史，老少两代人几乎无所不谈。经过英佐夫将军的批准，拉耶夫斯基父子又把普希金带到了高加索矿泉区疗养，在那里小住了一段时间。山区的清新美丽、民风的淳朴可爱，加上将军一家人的温情，使普希金从精神到身体都得到了良好的恢复。他爬上了别石图主峰等多座山岭，

普希金在高加索，普希金自画像（1829 年）

造访了潘提卡别伊遗址、刻赤附近的金黄山冈，拜访宗教人士，向当地居民了解他们的历史。一个残疾士兵还向他讲述了自己曾经失陷契尔卡斯山寨当俘虏的奇遇。后来普希金将他听到的故事编写成了《高加索的俘虏》。多少年以后，普希金还念念不忘高加索那高耸入云的神奇山峦、绚丽彩霞与雪峰交相辉映的壮丽景观。这是普希金第一次领略东方亚细亚的风光，高加索的一切都让天性敏感的他感动不已。从他后来创作的《高加索》这首诗歌中，读者还能体会到那种"会当凌绝顶"的激动："高加索已经在我的脚下面。我独自一人站在山巅皑皑的积雪上，濒临悬崖边。一只雄鹰从遥远的顶峰飞升过来，自由滑翔，环绕在我的身边。由此处极目远眺，我看见雪川的起源，还第一次目睹令人恐怖的雪山崩塌。"

1820 年盛夏，普希金又跟随拉耶夫斯基一家离开高加索来到了克里米亚，先是造访了费奥多西亚，作短暂停留后又继续旅程。在克里米亚普希金第一次乘坐了俄罗斯的军舰，体验了海上航行的乐趣。不久他们抵达了黑海之滨的古尔卓夫。逗留海边的日子里，自由奔放的大海成了他的知音。白天他在蓝色的波涛中畅游，夜晚坐在岸礁上倾听大海的波涛。拉耶夫斯基一家给落魄的他以极大的安慰。与将军一家相处的日子里，多情的普希金还爱上了将军美丽的女儿小拉耶夫斯卡雅。拉耶夫斯基将军有四个女儿，她们开朗活泼、青春洋溢，普希金和这些姑娘生活在一起仿佛置身仙女中间。

普希金将他与拉耶夫斯基一家在克里米亚相处的时日看作有生以来最幸福的时光。蓝色的大海、多姿的山峦、晴空艳阳、绚丽的花园、青春的少女、温情的友谊，他在一封给家人的信中幸福地描述了尽情享受的这一切。普希金认识大海的同时，也第一次接触到被他称为"思想上另一位君王"的拜伦的诗篇，开启了他创作上的"拜伦风格"时期。英国大诗人拜伦是19世纪欧洲浪漫主义文学最著名的代表之一，他叛逆的性格、自由的灵魂、狂放而忧郁的诗风在普希金的心中产生了共鸣。此后，普希金创作的一组传奇长诗都深深地烙下了拜伦的印记。

不久，普希金"任职"的地点改为比萨拉比亚，他不得不匆匆赶往基什纳乌。供职于这个偏远省份的时间虽然不长，但是与秘密的南俄贵族革命党的接触经历使普希金终生难忘。1821年普希金在图里钦结识了十二月党人别斯捷里，后来又见过几面，还为他画过肖像。唯物主义者别斯捷里的智慧言谈感染着普希金，他们两人的话题颇为广泛，包括俄罗斯的文学、艺术、政治和社会变革，普希金在与他的叙谈中充分体验到睿智给人带来的快乐。普希金称别斯捷里是他见过的具有最独特智慧的人之一。

对平庸人生不满、渴望传奇的生活是浪漫主义文学家的共性，普希金在南俄多次试图寻找这样的机会。到达基什纳乌后，他认识了沙皇亚历山大一世的副官——独臂将军伊普希兰提。将军的两个弟弟曾经是普希金皇村学校时代的朋友。他参加过1812年战争，在德累斯顿战役时光荣负伤，1821年春天又指挥对土耳其的战役并取得了胜利。将军希望将希腊从土耳其占领者的统治下解放出来。可惜，这个老军人的意志并不坚定，当遭遇几次失利后他就逃到奥地利去了。普希金起初也受到解放希腊运动的影响，把伊普希兰提视为起义者的领袖，希望模仿拜伦跟随将军到希腊去战斗，可惜壮志未酬。

普希金在卡敏卡还参加了革命党人的一次秘密会议。会上，他的发言慷慨激昂，语惊四座。那些革命者过去只知道普希金富于文学才华，而今才了解他不仅有文学家的激情和思想家的思辨，还充满战斗者的强烈志向。普希金也感觉与革命者在一起生命变得更加可贵，他仿佛看到理想的目标就在眼前。这次会议之后，未来的十二月党人沃尔康斯基公爵受委托要秘密接收普希金加入他们的社团，但是理智而机警的公爵认为："用祖国为之骄傲的诗人来冒险是个罪过，况且普希金本来就已经处于当局的监视之下。"这样的行动绝对是有害无益的，他没有照办。后来发生的事情证实了沃尔康斯基决断的正确，普希金在十二月党人起义后幸存下来了。否则，我们将看不到《叶甫盖尼·奥涅金》《上尉的女儿》等世界名作的问世了。

通过京城朋友和先辈的帮助，普希金又被允许前往文化发达的南方滨海城市敖德萨。浩瀚的大海、汹涌的浪涛、自由的海鸥又一次把他引入了狂放不羁的境地，他的心胸更加开朗，追求自由和光明的意志更加坚定。这个时期欧洲大陆的革命风潮正此起彼伏，西班牙和意大利的革命运动方兴未艾，希腊人民反抗土耳其压迫的民族解放运动也蓬勃发展，普希金立刻联想到了本国的现状，他发出渴望斗争的呼唤："为什么在本国的土地上还没有炽烈的交锋？"当时拜伦参加了希腊人民的起义，这位英国诗人传奇般的经历给普希金以极大的震动，他也曾计划逃到土耳其去，以便摆脱这压抑的流放生活。由于种种局限使普希金仍然难酬壮志，身不由己的他只能寄情于诗神缪斯，他发愤地进行写作。普希金继续写作在比萨拉比亚开始的《叶甫盖尼·奥涅金》，1824 年写完了这部长篇诗歌体小说的前三章，同时又抽空开始写作传奇长诗《茨冈人》。这两部重要的作品都或隐或现地折射出他这些年辛苦的生活经历和奇特的情感历程。

普希金为长诗《茨冈人》创作的插图（1824 年）

　　作为天性浪漫的诗人，普希金在南俄也经历了令他回味终生的情感旅程。尤其是旅居敖德萨期间，他除了眷恋拉耶夫斯卡雅姐妹，还爱上了具有意大利血统的阿玛丽雅·里兹尼奇。他们经常出入当地的希腊风味的餐厅，到剧场去看意大利歌剧团的演出。当时这个剧团正在俄罗斯巡回演出罗西尼的《塞维利亚的理发师》和《贼喜鹊》等意大利著名歌剧。会讲意大利语的普希金自然也给阿玛丽雅留下了深刻印象。阿玛丽雅曾鼓动普希金跟她一起回意大利，到爱琴海的那片土地上去定居，以摆脱流放的困境，可惜普希金身不由己。他也满含热泪请求阿玛丽雅在俄罗斯的土地上多停留一些时日。最终，阿玛丽雅与她的异国恋人痛苦诀别，回到了橄榄树繁茂的亚平宁半岛，不久就因病去世了。普希金后来写了诗篇追恋他的这位异邦恋人，这就是读者熟悉的那首《为了遥远故国的那些岸边》。尽管他们苦恋的岁月早已远逝，但缠绵的诗人还刻骨铭心地记得阿玛丽雅的美丽，记得她的痛楚，记得他们在敖德萨黑海岸边的情意绵绵的拥吻。

谪居南俄的日子里，普希金还巧遇了一位美妙的希腊女郎。这位传奇女性的丈夫已经在战斗中牺牲，他们的经历引发了普希金无限浪漫的联想。从异邦女郎那热情奔放的气质中，普希金仿佛亲身感受到了希腊人民抗击土耳其侵略军如火的激情与战斗的意志，他温情地为她赋诗一首，劝慰她别悲伤。希腊女郎与普希金相遇，也第一次体会了俄罗斯式的恋情。普希金多么想与眼前这位传奇女子远走异国他乡，或寄情天涯，或战死沙场。然而，普希金也明白自己的处境，面对沙皇当局的严密监控，他只能空怀一腔热情和宏图大志，难有作为。

1823 年金秋，普希金转到将军总督沃龙佐夫伯爵手下任职。于是，他又结识了总督夫人沃龙佐娃。沃龙佐娃并不是一个绝色美人，可是她却善于以另一种魅力俘获男士们的心灵。普希金和拉耶夫斯基就是她的俘虏。生活就是这么有趣，普希金和他的友人拉耶夫斯基同时爱上了沃龙佐娃。她不仅邀请普希金来家里做客，还常常与普希金去海边散步。有一次，沃龙佐娃与维雅捷姆斯基公爵夫人和普希金一同去海岸边游玩，不料却遭遇了狂风巨浪。这次出游给了普希金一次英雄救美的机会。从那次海边遇险后，沃龙佐娃与普希金的关系又深了一层。据说，普希金和沃龙佐娃曾经一起在一个山洞里幽会，普希金给他的情人朗读他翻译的外国经典作品，而沃龙佐娃情意绵绵地回赠了诗人一个戒指。此后，普希金给沃龙佐娃画了不少素描肖像。敖德萨的这些情感经历又催生了"沃龙佐娃"恋情组诗。如《一切都结束了》《焚毁的情书》和《爱情的栖息地》《宝物》等等。普希金动情地追忆着："在那里，大海永恒地拍打着荒芜的岩石，在那里，在黄昏雾霭的甜蜜时刻，月亮散发着更温暖的光芒……"普希金的流放之路蕴含多少奇遇和温情啊！

南俄的传奇

圣彼得堡郊外岛上的黄昏（1835 年）

流放时期，受英国浪漫主义文学特别是拜伦作品的影响，同时有感于高加索地域的异族风俗和历史，普希金以当地的生活为素材，写下了传奇叙事长诗《高加索的俘虏》《巴赫契萨拉依泪泉》《强盗兄弟》，草拟了《茨冈人》，并开始创作俄罗斯文学史上第一部诗体小说《叶甫盖尼·奥涅金》，同时还创作了大量的抒情诗歌，如《拿破仑》《陆地和海洋》《翻腾的浪花》《征兆》《我是荒原上自由的播种者》等。它们是他漂泊异乡的心灵日记。特别是他在南俄创作的传奇诗篇，奠定了他作为"俄罗斯拜伦"的文学地位。维雅捷姆斯基公正地指出，没有拜伦，就没有普希金的南方传奇诗篇。但普希金的浪漫主义作品又确实有俄罗斯民族自己的特色。南俄的高加索地区，群山起伏，重峦叠嶂，天高地阔，云雾缭绕。清澈的山泉从万丈悬崖飞泻而下，苍鹰在寂静的山谷里盘旋。这里没有圣彼得堡闹市的喧嚣，也没有上流社会的尔虞我诈。在这儿只有山野的宁静和纯朴的民风。高加索山区杂居着格鲁吉亚人、切尔克斯人及其他一些少数民族。他们祖祖辈辈与大自然为友，性格质朴而勇猛，大多保持着古老的生产方式，自给自足，生活得像风一样自由。普希金生平第一次呼吸到了如此清新的空气，感受到如此独特的情调。他第一次看到了这样绮丽的自然景观。他爱上了这里峻峭的山峰，留恋那无垠的荒原，醉心于清凉的山泉，也爱上了山民的粗犷和豪爽。他的思绪也随着高加索的骏马在青翠的山野里驰骋。不久，他又游历了克里米亚和比萨拉比亚的草原。那里的奇异风光、异域情调同样触发了他的浪漫激情。于是，一个个动人的传奇故事就在他忧郁的心里孕育而成。

普希金到南方来名义上是"调任"，实际上却处于囚徒的地位。他无论走到哪里，都被沙皇的鹰犬监视，行动上毫无自由可言。由于这"囚徒"般的感觉，普希金写出了被称为"抒情叙事诗"的中篇传奇诗《高加索的俘虏》。

故事的主人公像作者一样，是一个俄罗斯贵族青年，是上流社会的文明人。他曾经抱着青春的热望走进了社会，初恋的喜悦使他陶醉过，而后又成为情场上的宠儿。他有过如诗般的理想和美妙的憧憬，但他渐渐地感到了尘世的险恶与冷漠。朋友的背叛和情人的变心使他感到心寒，浮华利禄让他生厌，流言诽谤更折磨着他的神经。生活的暴风雨摧残了他的理想之花，他只好将对昔日美好的印记锁闭在郁闷的心中。为了寻找自由的乐土，他告别故乡，只身一人来到了高加索山野中。旅行途中他被切尔克斯人俘获，成了异族囚笼里的一名"俘虏"。

遍体鳞伤的"俘虏"被关在栅栏里。剧烈的伤痛使他动弹不得。最初陪伴他的是那清冷的群山、荒凉的草原。他在阳光下苏醒，又在月光下昏睡。他感到一切都完了。他本是为自由而来，不料却做了阶下囚，沦为山民的奴隶。就在他万念俱灰但求一死的时刻，一个意想不到的希望悄悄走近他的身边。银色的月光下，又一次苏醒过来的俄罗斯青年发现眼前站着一个美丽的切尔克斯少女。

听到姑娘那温柔的声音，年轻的"俘虏"突然感到了一种力量，他打起了精神，像士兵服从首长的命令一样，喝尽了这救命的马奶。少女的真情和温暖唤起了他重新活下去的勇气和信心。

从此，每当弯弯的月亮从东山上升起，少女就带着山里的美味佳肴，带着她那颗纯洁的心来到"俘虏"的身旁，用柔情的目光、悦耳的山歌疗救年轻"俘虏"身心的伤痛。这个俄罗斯青年重新焕发出的青春活力也使少女倍感欣慰。

她的努力终于有了回报，她打动了"俘虏"本已冷却的心灵。尽管他们语言不通，但眼神和手势却沟通了两人的情思。纯朴的少女第一次体验到爱情和幸福。

经过少女的精心照料，"俘虏"逐渐习惯了"囚徒"的生活。切尔克斯民族的信仰、教化及习俗引起了他的兴趣。这里的山民勤劳、勇敢、崇尚武功。每逢节日，他们就开展各式各样的竞技比武，时而挽弓射落云中的鹰鹫，时而集体从陡峭的山上跳下，时而进行残酷的砍杀比赛。豪爽中透着质朴，狂放中夹着野蛮。眼前独特的景象让"俘虏"忘却了过去的忧伤和死神的威胁。但最使他心迷意乱的还是切尔克斯少女纯真的爱情。在一个月光如水的夜晚，少女向他倾诉了自己的苦衷。原来她的父亲和兄弟企图用她来换取黄金，要把她卖到别的山寨。于是，姑娘把希望寄托在"俘虏"的身上。吸引切尔克斯少女的是"俘虏"那文明社会人所特有的气质和风度。他给这古朴的山寨带进了一种近代的氛围。姑娘仿佛从文明世界的青年身上找到了新生活的希冀。可是，这奇异的恋情只给"俘虏"短暂的慰藉，旧时的精神创伤又袭上心头。他认定他们的爱情之花不会结出任何果实。由于自己生死未卜，他对前景也不抱任何希望。因此，他婉言谢绝了少女的一片真情，违心地说出他仍恋着过去的情人。少女为"俘虏"的"坦诚和直率"所感动，虽然遭受失恋的巨大痛苦，但仍继续帮助落难的"俘虏"。她要把自由重新还给他。

机会终于来了。一天，寨子里发出了战斗的号令，全寨的人都忙于备战，奔赴沙场，无人顾及这可怜的"囚徒"。正当"俘虏"开始思考如何逃跑时，少女及时赶来了，她用钢锯奋力地锯开锁链，含着热泪对"俘虏"说："你自由了，快跑吧！"俄罗斯青年感动不已，想带她一同离去，但姑娘执意不肯。她知道在"俘虏"心中没有她的位置，她也不愿与别的女人分享一颗心。她觉得既然已品尝过人生的甜蜜，就应该知足。少女深深地祝愿"俘虏"永远幸福，两人临别时的长吻给他们的这段恋情画上了一个凄凉的句号。俄罗斯青年忍痛跳进湍急的河里，匆匆向对岸游去，就在他上岸的一刹那，忽然听见身后扑通一声。他猛地回头一望，却不见了那纯情的倩影。

可怜的高加索山的女儿怀抱着她的美丽幻梦沉入了滔滔的捷列克河中。

《高加索的俘虏》是普希金第一篇描写异域风情的叙事长诗。他的创作构想是刻画浪漫主义的新主人公，表现19世纪初一部分像普希金这样的俄罗斯贵族青年的心态，同时再现了高加索地区的风光民俗。早在离开圣彼得堡之前，普希金就对他的好友维雅捷姆斯基说："对于一个诗人来说，圣彼得堡令人窒息，我渴望异域他乡，或许南俄的空气将会唤醒我的心灵。"这篇传奇在创作上深受拜伦叙事诗的影响。拜伦的主人公具有忧郁多疑、孤傲不驯的性格特征，其作品的主题多为表现个性解放、追求自由、反抗专制、描写个人单枪匹马式的奋斗经历。拜伦常在作品中把西欧近代文明与东方风土人情相对照，让主人公在异域他乡展开活动，《高加索的俘虏》也有这样的特点。主人公饱受精神创伤，企图在远离故乡的清净山野里寻求个人的理想归宿，像"俘虏"这一代贵族青年接受了进步的社会政治观念，不愿与他们所在的"文明世界"同流合污，渴望清新的空气和自由的生活。不过，他们的行为准则是个人主义，只考虑自己。"俘虏"的这种弱点使他始终处于孤独的境地，他的冷漠与自私也毁灭了他个人的幸福。作者虽然对"俘虏"的经历有所同情，但对他以个人为中心的处世原则仍持批判态度。

与"俘虏"的形象相对照，切尔克斯少女的形象颇具魅力。普希金赋予她许多可爱的品格，如青春美丽、心地善良、热爱生活、乐于助人、行动果敢、善解人意等等。如果说"俘虏"对"上流社会"的抵制还只是消极的逃避，那么少女对命运的抗争则比较积极，尽管她的结局是失败的。在这个山的女儿身上表现出了"不自由，毋宁死"的可贵精神，普希金通过这个形象表达了浪漫主义的人生理想。

　　传奇的"厌恶上流社会，归隐山野田园"的主题主要是通过抒情和写景表现出来。这部作品没有复杂的故事情节，也没有激烈的矛盾冲突，叙事自始至终在一种舒缓忧郁的氛围中展开。无论是描写人物的心态，还是展示周围的景物，都浸透着作者的真情实感。他借用主人公和高加索美丽的风光宣泄了他满腔的怨愤。他当时身心交瘁沮丧，是友人拉耶夫斯基特意把他带到南俄这清凉的世界，使他在大自然中忘却烦恼，重振精神。因此，普希金的这篇传奇长诗也可以看成是作者这一时期生活与感情的独特写照。

　　普希金追求一种宁静清新而略带凄凉的意境，因而他在写景中常常选择具有上述特征的客体。诗中经常出现的景象有幽僻的道路、幽暗的小径、静静的顿河、凉风习习的清晨、沉静的黄昏、暗淡的星空、静谧的月夜，整个画面呈现出清冷的色调。心灵是孤独冷漠的，谈话也如寂静流水一般，人物的心情与自然景观有机地交融在一起，烘托了气氛，突出了主题。

　　普希金对人物经历片段式的处理和对自然景观冷色调的描绘都构造出一种朦胧的意象。俄罗斯"俘虏"无名无姓，没有人知道他来自何方，也不知他去往哪里。他痛苦的往昔普希金也未做具体交代，他的哀愁有如高加索山峰上的云雾，迷迷蒙蒙。"俘虏"的心灵状态也很不确定，时而激动、时而冷漠，他的前途渺茫、命运难测。切尔克斯少女总是同月亮一同出现，又随朝露一起散去，她的行踪就像仙女显灵一样，飘然而至，又飘然而逝。高加索的月亮总在夜雾中隐现，切尔克斯山寨的灯火也总在阴影中闪耀。一切都是那样的朦胧。普希金在写作这篇传奇长诗时，自己也不知何时能归故里。所以，诗中充溢的朦胧氛围是与诗人的心绪一致的。

普希金把撰写这篇长诗的第二个任务规定为再现高加索的风光民俗，因而《高加索的俘虏》在风格上又极像一部妙趣横生的游记。在普希金之前，前辈诗人杰尔查文、茹科夫斯基也描绘过高加索的风景，但是他们是凭间接的资料和想象来写作的。而普希金亲自到过这些地方，作品中有关风光民情的精彩段落大都是他游览的真实记录。普希金将所描写的内容与写作风格协调一致。切尔克斯民族生性豪放，诗中反映他们风俗习惯的章节也写得很有生气。诗人采用民间诗歌比兴的手法，将高加索自然景观与山民的性格和习俗相互映衬：高山上雷声轰响，山谷间马牛嘶鸣，急流冲开巨石，鹿羊在草原上狂奔。与此相对照的是切尔克斯人全副武装，行动敏捷，气壮山河。他们不管是劳作还是行军，总是保持威武刚劲的雄姿。每当他们策马扬鞭，旷野就在他们的吼声和马蹄声中震颤。作者对高加索风情的描画体现着现实主义的写实原则。这一点也表现了他已开始从浪漫主义向现实主义的转变。《高加索的俘虏》对后来俄罗斯传奇题材的创作影响深远。

身处逆境的人常常对有同样遭遇的人抱有深切的同情。普希金是沙皇政府放逐的"囚徒"，因此，他对那些失去自由的下层人民十分怜悯，理解他们渴望摆脱专制桎梏的信念及决心。路过叶卡捷琳诺斯拉夫时，普希金听说了一个有关伏尔加河哥萨克首领的真实故事，于是在1820年开始创作传奇长诗《强盗兄弟》，将故事的地点移到了顿河岸边。作品叙述了一对农村贫家子弟铤而走险并招致毁灭的悲剧，揭露了沙皇社会的黑暗现实。作者先编写了这部作品的大致纲要，写出了长诗的一些片段，并抄了一份送给拉耶夫斯基。他预感这部作品会给自己带来麻烦，很快就将原稿烧掉了，幸亏拉耶夫斯基保存了普希金的手稿，《强盗兄弟》才得以流传至今。

普希金借助传奇故事在追问：是谁让农民食不果腹，衣不蔽体？是谁让饥民们流离失所，背井离乡？是沙皇沉重的徭役，是财主疯狂的掠夺。孤苦伶仃的两兄弟上无片瓦，下无立锥之地，日夜相伴的只有饥寒与愁苦。求生的欲望在青年人的心中燃烧，而愚昧的灵魂又使他们掉进深渊。抢劫生涯只给两兄弟带来了短暂的享乐。不久，他们便丧失了自由，被关进了牢房。弟弟身染重病，面容憔悴，高烧不仅烧热了他的血液，也炙烤着他的灵魂。他脑海里不时浮现出被劫老人的惨象，因此深感内疚，即使在昏迷中也想规劝兄长不要丧尽天良。在阴暗潮湿的牢房里，兄弟俩的内心也时刻充满着对自由的渴望。

后来，兄弟俩终于得到一次逃走的机会。他们跳进奔腾的顿河，奋力游到对岸，摆脱了沙皇的追兵，逃进了森林。弟弟因伤病交加而死亡，哥哥虽然继续过着苟且偷生的生活，但始终忘不了弟弟的劝诫。这是一个忧伤的故事，是一个令人痛苦的悲剧。若不是统治阶级的巧取豪夺，身强力壮的兄弟俩完全可以过上正常人的生活，凭诚实的劳动养活自己。然而黑暗的现实迫使他们身不由己地落草为寇。这是专制农奴制的罪过。19 世纪的革命者曾经把沙俄帝国比作劳苦大众的地狱。普希金通过这兄弟俩的经历从一个侧面揭露了沙皇制度的黑暗与残酷。作品在反映农民悲惨境遇方面比从前的《乡村》更深刻、更具体，它表现了富于人道主义精神的诗人对农民问题的关注。

普希金成功地刻画了人物的性格，反映出他们内心的矛盾冲突。兄弟俩虽然被迫为盗，但不甘心堕落。普希金对弟弟形象的刻画尤为出色。弟弟良心未泯，他不仅自责，而且在病危中一再规劝哥哥改邪归正。这充分体现了普希金对农民本质的正确认识，与沙皇政府的态度有天壤之别。他虽然没有完成以农民起义为内容的史诗，但后来他以小说的形式正面描绘了普加乔夫农民大起义，把农民领袖作为英雄来歌颂。普希金正确的社会观和历史观在写作《强盗兄弟》时已经开始形成。同时也应当指出，他虽然同情主人公的遭遇，但也毫不留情地批判他们的愚昧和错误的选择，在批判中颂扬正义，这也正是作品积极的道德力量所在。

《强盗兄弟》的艺术技巧也别具一格。普希金很善于用一些典型的事物营造肃杀、恐怖的意境。诗一开头映现在读者眼前的是漆黑的夜色、怪叫的鸦群、腐烂的尸体、面目狰狞的各类强盗，传奇色彩十分浓厚。这首诗情节虽然简单，但是读起来却毫无枯燥之感。除了题材本身吸引人之外，主人公的经历也具有一定悬念性：失去双亲的两个孤儿如何被逼上梁山？如何被捕下狱？又如何伺机逃出？虽然没有惊险的场面，但人物的命运却牵挂读者的心。这首传奇长诗在艺术思想上的明显进步，即艺术的人民大众精神。作品的主人公是农民，大量运用生活口语，在风格上接近民间文学。普希金认为粗犷和简练是最适合俄罗斯民族的语言。《强盗兄弟》反压迫的倾向对十二月党人产生过积极的影响。

俄罗斯和西欧的文学给予普希金的创作以丰富的养分，而东方的民间传说也激发了他的灵感。普希金非常迷恋东方文化的神韵。在圣彼得堡供职时，他的一个女友给他讲述了一个有关高加索"泪泉"的故事。1820 年 9 月间，他从古尔祖夫前往辛菲罗波里，途中他与拉耶夫斯基一起游览了鞑靼王国的巴赫契萨拉依王宫的遗址。他怀着极大的兴趣参观了那座沉睡在荒芜废墟中的"泪泉"。普希金在这神秘的地方再次听说了那个忧伤的传说，亲眼见到了汗王基列伊为他心爱的波兰女俘波托茨卡雅专门建造的这座喷泉遗址。后来普希金将他在这里的所见所闻写成一篇具有东方色彩的传奇长诗《巴赫契萨拉依泪泉》。长诗开始创作于 1821 年，1822 年完成，1824 年在莫斯科发表。

故事把人们带入 15 世纪的鞑靼可汗基列伊的王宫中。可汗正心烦意乱、激动不安，是又要同俄开战？还是军队要发生叛乱？或是宫女跟异教徒偷情？都不是。原来让可汗意乱情迷的是他刚刚俘获的波兰郡主玛利亚小姐。玛利亚天生丽质、举止优雅，且能歌善舞，她曾使无数青年倾倒。在故乡她生活得非常快活，然而战争像风暴一样把她卷进了可汗的王宫，她成了笼中的金丝鸟。从此，玛利亚整天以泪洗面，人们再也见不到她那鲜花般的笑颜，痛苦与悲伤使她身心交瘁。在这样一个异邦美女面前，可汗一改往日对嫔妃的那种粗暴和骄横，对她以礼相待。这个东方国家的君王之前从来没有见过西方女郎的独特气质，他平生第一次体验到爱的忧郁。他把玛利亚像圣女一样供着，可波兰郡主对可汗的殷勤根本不屑一顾。而玛利亚愈是冷若冰霜，可汗就愈是爱她入迷。可汗的痴情没有打动玛利亚的芳心，却引起了他的宠妃格鲁吉亚少女扎列玛的强烈忌妒。一个寂静的夜晚，扎列玛悄悄潜入玛利亚的住处，苦苦哀求玛利亚把可汗归还给她。扎列玛含泪向玛利亚讲述了她的不幸身世。她的家乡在高入云端的群山之间，那里河流湍急，森林茂密。她很小就被抢到巴赫契萨拉依王宫当了可汗的妃子。不知过了多少清冷孤寂的日子，她才得到可汗的宠幸，没料到好景不长，可汗对她的宠爱由于玛利亚的出现而骤然消失了。扎列玛感到可汗完全变了心，她把这一切都归咎于玛利亚。这个格鲁吉亚的山野少女再也不能忍受失宠的痛苦。扎列玛最后威胁玛利亚，如果玛利亚不设法让可汗回心转意，就血刃相见。残酷的忌妒终于夺去了无辜波兰郡主的性命，可汗的卫兵发现玛利亚被害后，立即抓住了扎列玛，把她抛进了大海的深渊。可汗征战回宫，得知这一噩耗悲痛欲绝。后来，他在宫中修建了一座巨大的喷泉以纪念他心爱的玛利亚。

细读这首传奇长诗，我们可以感到"俘虏的情绪"和异族文化的冲突仍在这里延续。波兰郡主玛利亚就是一个女"俘虏"。她失去了从前的幸福，失去了可爱的故乡，失去了宝贵的自由。但她依旧保持着高贵的尊严，她保存着唯一圣洁的情感。尽管可汗给她贵妃般的待遇，她的心却永远向往美丽的家园。普希金以玛利亚的境遇暗喻他自己的处境，抒发了向往自由的心声，他借扎列玛和玛利亚的冲突表现了他所理解的东西方文明的差异。扎列玛热情似火、桀骜不驯，她鲁莽的行为深含着未开化民族非理性的本质。而玛利亚则是基督教文明的体现者，具有虔诚的信仰，有艺术才华，温柔善良，能够忍耐苦难，情操高尚。波兰郡主征服了鞑靼可汗的心，在普希金看来，这是所谓西方文明的胜利，而玛利亚死于格鲁吉亚少女的刀下则体现了两种文化的激烈冲突。他借这个故事表达对封建社会中处境悲惨的妇女的深切同情。普希金在诗中真实地展现后宫佳丽可悲的一生。这是一首俄罗斯式的"长恨歌"，普希金用自己的笔为受压迫的妇女申冤，用自己的诗歌向封建制度抗议。

《巴赫契萨拉依泪泉》是一幅多姿多彩的东方风情画，它的颜色鲜艳、光彩宜人。普希金像一个出色的画家为读者描绘了当地美丽的风光。这里有鲜红的玫瑰、紫色的葡萄、金碧辉煌的宫殿、晶莹闪光的喷泉。每当夜晚，微风流香，星月灿烂，珠宝在美人的夜裙上闪亮，碧波在月光下放光。多么迷人的东方仙境啊！

　　普希金在南俄这个民族的地区，不仅看到了五光十色的风景，而且听到了悠扬动人的歌声，尤其是茨冈艺人的悦耳旋律给这个忧郁的诗人以莫大的安慰。茨冈人又叫吉卜赛人，他们原来居住于南亚次大陆的西北地区，是一支以行医、卖艺、占卜为生的民族，流动性很强，罗马帝国末期他们向欧洲等地游荡，现在散居世界各地。

　　19世纪20年代在比萨拉比亚一带的草原上曾有过一支茨冈部落。他们常到城里来，一边表演杂耍，一边乞讨钱财。普希金当时正在这里，他目睹了茨冈人癫狂的舞姿，亲耳聆听了他们野味十足的歌声。有一次，他在观赏耍熊表演时结识了一位迷人的茨冈歌女。她似水的柔情和异族的魅力竟让普希金忘记了自己贵族的身份，跟她一起混入茨冈人的队伍在大草原上流浪了几天，与茨冈兄弟姐妹同吃同乐，当上了真正的"自由民"。与茨冈人交友的日子里，普希金深入地了解了他们的个性、道德观念、行为准则。所有这些经历构成了他最后一篇浪漫传奇诗《茨冈人》真实的生活基础。普希金在流放南俄时期，对西班牙古典文学产生了很大兴趣，他甚至是用塞万提斯的作品来学习西班牙语的。塞万提斯的训诫小说《吉卜赛姑娘》对普希金创作《茨冈人》也有重要启迪，普希金后来还把这部小说片段从西班牙语译成法语。塞万提斯用"骑士小说"样式的《堂吉诃德》终结了风靡欧洲的骑士小说，而普希金则是希望用"拜伦式"传奇终结俄罗斯文学中的"拜伦式"浪漫书写，用长诗《茨冈人》为俄罗斯19世纪初的浪漫主义思潮唱一曲挽歌。

　　《茨冈人》的故事就发生在比萨拉比亚的一群茨冈人中间。活泼可爱的茨冈少女泽姆菲拉结识了一位名叫阿列哥（瞿秋白先生将男主人公名字译为"阿乐哥"，他最早翻译了这首传奇长诗）的贵族青年。这里读者可能会洞见普希金的身影，"阿列哥"这三个音节正是普希金的名字"亚历山大"的前三个音节；阿列哥当时正在逃避当局的追捕，普希金此时也正被沙皇迫害到远方，在比萨拉比亚与茨冈人流浪。所有这些线索都将阿列哥与作者联系在一起。少女把阿列哥带回家并请求父亲把青年收留下，老人答应了。于是，阿列哥开始了贫穷而自由的生活。起初，他完全被这奇异的生活吸引住了：每当太阳从地平线上升起，茨冈人嘈杂而欢乐的一天就开始了，家家户户拆掉栖身的破帐篷，人们把家什和道具装满大篷车，然后浩浩荡荡地向城镇走去……

茨冈老人让阿列哥学习耍熊，希望他能以此安身立命。他还真学会了耍熊，日子过得平静而愉快。天长日久，年轻的贵族阿列哥爱上了少女泽姆菲拉。她问他抛弃了城市和同胞是否可惜，阿列哥告诉她，城里的空气令人窒息。而泽姆菲拉却非常羡慕城里高大的宫殿、漂亮的地毯、贵族的装饰和欢乐的盛宴。她不能理解这个贵族青年为什么喜欢他们不安定的生活。普希金在这首诗里写出了"围城"现象。阿列哥说，他只要真挚的爱情。他自以为习惯了这里的一切，然而后来发生的事证明他并没有真正了解茨冈人放荡不羁的生活观念。他同泽姆菲拉共同生活了两年之后，姑娘又爱上了部落中的另一位小伙子，阿列哥却不能容忍这种背叛。看见阿列哥痛苦不堪的样子，茨冈老人就用自己失恋的经历和他们部落的观念劝慰他。

阿列哥则坚持自己的生活原则，他不愿意放弃他的生活权利，发誓要向夺走他幸福的人报仇。在一个没有月亮的夜晚他从噩梦中惊醒，发现妻子又不在身边。于是他顺着脚印追踪到泽姆菲拉与情人幽会的山坡上，毫不留情地将他俩杀死。茨冈人没有向阿列哥复仇，而是用特殊的方式惩罚了他。这些流浪者已经感到阿列哥和他们不是同路人，他追求自由，但只是为了他自己，大批评家别林斯基认为茨冈老人的"你追求自由只是为你自己"这个批判是理解《茨冈人》的一把钥匙。阿列哥不顾他人，茨冈人中不可能再有他的位置。最后，他们把阿列哥孤零零地留在可怕的河谷之中，慢慢地消失在草原的尽头。

　　同《高加索的俘虏》一样，普希金在这篇传奇长诗中要表现的是有个性的贵族青年的孤独、忧郁和叛逆的情绪。阿列哥在都市里心灵受到伤害，上流社会的污浊空气使他窒息，专制政府的压迫逼得他愤然出走。他渴望在异域他乡找到自由的空间，到迥异于城市的草原旷野上去呼吸难得的清新空气。跟高加索的"俘虏"相比，阿列哥的行动更进了一步。他不仅闯进了异族的领地，而且深入到他们的内部，企图以同他们结合的方式，成为一个真正的自由人。他的这些单纯愿望起初似乎都得到了实现。遗憾的是，他最终发现茨冈人在本质上与他格格不入。阿列哥虽然不满专制制度，但他毕竟还是文明社会的一员。他需要道德和秩序，不能容忍落后部族的无法无天，野蛮无序状态并不是他的理想归宿。普希金对阿列哥的极端个人主义做了无情的批判，同时也对泽姆菲拉的道德虚无和轻浮行为进行了谴责。在作者看来，没有道德的"爱"不过是低下的情欲。阿列哥要求的"自由"是一种狭隘的个人主义的自由，泽姆菲拉要求的"自由"是超然于社会道德之上的自由。这两者都是人类自由的死敌。他们的悲剧结局证明这两种处世方式都是行不通的。阿列哥和泽姆菲拉也都具有"拜伦式"主人公的特征：前者忧郁孤独，后者带有野性的激情。

从《高加索的俘虏》到《茨冈人》，普希金完成了俄罗斯"拜伦式英雄"心路历程的探索。他对所谓完全回归山野荒园的浪漫主义行为方式有了更深的认识。普希金用《茨冈人》为俄罗斯浪漫主义唱了一曲悲凉的挽歌，他的创作也开始转向现实主义。普希金由于思想的局限，不能够为这一代有志青年找到正确的人生道路。南俄之行给他带来了慰藉，也加深了他精神上的惶惑，"俘虏"和阿列哥一类可以说是 19 世纪 20 年代俄罗斯社会"迷惘的一代"，他们不愿消沉，却也万般无奈。而普希金本人面对这种令人心痛的现象也陷入"宿命论"中。

如果说《高加索的俘虏》表现了山野的险峻和山民的剽悍，《巴赫契萨拉依泪泉》突出了东方的迷人色彩和风情，那么《茨冈人》中最吸引人的则是茨冈部落的狂放。这篇传奇长诗很像一出既热烈又悲凉的歌舞剧。普希金善于捕捉他描写对象的特点。茨冈人爱闹、爱唱，长诗开篇就再现了他们沸沸扬扬的生活场面。比萨拉比亚茨冈人没有约束的生活首先是通过放纵的声响表现出来。普希金在

从涅瓦河北岸看海军部（1817 年）

俄罗斯文化之魂——普希金

传奇中具体写出了各种声音：女人的歌声、孩子的哭叫声、铁匠打出的"叮当"声，这当中有时又夹杂着狗的吠叫、马的嘶鸣、风笛的呜咽声、铁链的哗啦声、大车的吱嘎声，所有这些声音汇成了一支风格独特的"茨冈交响曲"。他还特地用歌声来推动情节的发展，爱唱歌跳舞是茨冈人的外部特征。泽姆菲拉唱的那首茨冈情歌就是她与阿列哥的感情发生转变的前奏曲。普希金在诗中融进了戏剧的手法，采用对话来表现主人公的性格冲突与思想交锋。抒情与戏剧两种方法的结合丰富了诗歌的表现技巧。普希金认为，他从《茨冈人》的创作开始感到负有写作戏剧的使命。这篇长

诗的完成也确实成为普希金戏剧创作的良好开端，而且对欧洲的小说和戏剧创作也产生了一定影响。

据欧洲文学史可知，普希金的《茨冈人》作于1824年，而法国作家梅里美的《卡门》（有的译作《嘉尔曼》）创作于1845年。梅里美极为欣赏以普希金为代表的19世纪俄罗斯文学，翻译和介绍了许多优秀的作家和作品。同世纪的欧洲著名文学史家，对普希金和梅里美都有研究的勃兰兑斯在《俄国印象记》中曾经专门谈到普希金对梅里美的创作影响。据勃兰兑斯考证，梅里美曾经译过这首诗，可能正是这一首优美的诗歌为他提供了杰作《卡门》的主题思想。不过，他在文中谈及普希金给梅里美创作的影响，还只是建立在一种合理的逻辑推断上，因此，这位文学批评和文学史大师比较谨慎地使用了"可能"一词。其实，如果仔细比较《茨冈人》和《卡门》两个文本，就不难发现，普希金对梅里美的影响还不仅仅是体现在主题思想上，而且只要细致研读两位浪漫主义文学大师的文本，就可以看到，普希金的《茨冈人》原著对梅里美的《卡门》的影响更体现在情节布局、人物命运设计、主人公内心世界的描绘和情思的话语表达等诸多方面。

首先，两部作品在情节上都是主人公——"文明社会的男士"与茨冈人或吉卜赛人部落的奔放靓女激情遭遇，短暂热恋后又突发变故，结果都以悲剧告终。阿列哥是贵族社会的"多余人"，对自己的阶层深恶痛绝，渴望在远离污浊都市的异域自由浪漫世界里找到自己理想的归宿，但"文明社会"的旧习和烙印致使他难以逃出命运的掌控。唐·荷塞，《卡门》的男主人公，一个地位低下的士兵，羡慕吉卜赛人生涯的自由自在，更为浪漫奇异的情爱所俘获而难以自拔。但在对自由、幸福和爱情等价值的理解上，他的追求与狂放不羁的部落的观念相去甚远，冲突激烈，最后的悲剧结果也是命中注定、在劫难逃。

　　在具体人物命运设计上，普希金和梅里美的男主人公都是来自所谓的"文明社会"，阿列哥是上流社会的厌倦者，主动自我放逐到比萨拉比亚茨冈人部落之中。而唐·荷塞也是来自西班牙"文明社会"的卫士行列，为了爱情和自由才流落吉卜赛江湖之中。在《茨冈人》中阿列哥流浪到比萨拉比亚草原，茨冈姑娘泽姆菲拉爱上这个忧郁的文明人，后来泽姆菲拉由于茨冈人的放浪天性而移情别恋了另一个茨冈青年，阿列哥不能容忍这种情变，多次哀求挽留失败后，怒杀了自己狂恋的情人。吉卜赛姑娘卡门主动诱惑唐·荷塞下士。这个多情的士兵果然陷入对卡门的狂恋之中，后来也因卡门的移情别恋而刺杀了她。同样，在激情怒杀之前，唐·荷塞为了留住往日的欢乐和爱情，也是苦苦哀求卡门珍恋旧情，但是却无果而终。笔者特别注意到，两部作品中情杀的具体方式手段都极为类同，都用匕首刺杀；而且两个男主人公在情杀之后的结局也是极为相似的。阿列哥没有被极刑惩罚，而是被茨冈人留给了道德法庭。换言之，在作品的最后结局中，他孤独地存活下来了。唐·荷塞同样没有因为刺杀一个吉卜赛女郎而被处以极刑。换言之，他也存活下来了，而且还成为悲情传奇故事的叙述人。

两部作品中女主人公的内心世界也具有相似性。梅里美的卡门向往勇猛而多情的英雄，威武潇洒的斗牛士吕加（后来改编的歌剧中为艾斯卡米罗）是她的现实可及的向往，因此她不顾一切地要追求他，宁死不愿违背自己认同的生活原则和情爱理想。泽姆菲拉虽然没有遇到斗牛士那样的真心英雄，但青春壮士却也同样是她的梦想，作品通过她美妙的歌声表达了她的内心渴望，赞美她心中的偶像的热情、青春和勇敢，并对"他"一往情深。而梅里美只不过是用一个富有西班牙民族风俗特色的文学形象"斗牛士"把普希金用歌声赞美的英雄品质具体化了。

在人物话语方面，在普希金的《茨冈人》中有茨冈老人"青春就像鸟儿一般自由自在，谁能管住爱情"的对白，在根据梅里美小说改编创作的歌剧《卡门》的著名咏叹调

《哈巴涅拉》中有一句是"爱情就像一只野性的鸟儿，谁也休想关住它"。这句著名的歌剧唱词在整个西方艺术文化界耳熟能详，而它最原始的来源明显属于俄罗斯的浪漫主义鼻祖普希金。"青春就像鸟儿一般自由自在，谁能管住爱情"，是有关茨冈人或吉卜赛人的爱情观和自由观的经典表述。由此不难看出，《卡门》对吉卜赛人爱情和自由本质的理解甚至表述方式都直接取自普希金。歌剧的著名咏叹调《花之歌》歌词则间接受到普希金小诗《一朵小花》的影响。

普希金的男主人公和梅里美的男主人公的共同性格缺点都是以自我为中心，极度痴情和极度忌妒。这是自莎士比亚《奥赛罗》以来的西方作家的共同题材和对人性缺陷的文化批判的主要焦点之一。两部作品都渲染了一个流浪部落的浪漫和狂放的性格，与文明社会形成鲜明的对比。两位作者对这种文明社会的弱点持悲剧的困惑，这是浪漫主义时代作家对资产阶级文明局限的共同评判。两位文学大师都写出了他们所处时代某些"文明人"的可悲命运。

当然，普希金和梅里美都是文学大师，在创作上就必然还存在各自的评价重心和艺术塑造及处理的不同侧重。普希金着重突出主人公的"自尊意识"和"多余人"出走后的命运。虽然梅里美也出色地刻画了狭隘偏执的男主人公，但梅里美描绘的重点人物是卡门，作者以欣赏而怜悯的心态塑造了自己的主人公。相对于男主人公唐·荷塞，梅里美显然将自己的偏爱给予了热情且忠于自由的女主人公卡门，不可否认，梅里美在具体创作中大量采用了他考察收集到的西班牙吉卜赛人生活的素材，特别是吉卜赛人传奇的江湖生涯。这无疑增加了他作品的独特魅力和可读性。

普希金的这四篇传奇长诗写作于不同的年月，虽然各有各的特色，但总体的思想和风格是一致的，创作方法在统一的基础上逐渐发展深化，表现在以下几个方面：人物在对称的原则下由少到多，《高加索的俘虏》有两个人物，《巴赫契萨拉依泪泉》有三个人物，《茨冈人》中就发展到四个，这是其一；其二，在叙事与抒情相统一的原则中突出抒情因素并逐步融进戏剧的表现手法；其三，形式越来越自由，语言越来越大众化，几乎每篇作品都有一首民族歌谣；其四，在浪漫主义的外衣下始终包容着现实主义的精神实质。普希金的南俄传奇诗篇是俄罗斯奉献给世界19世纪浪漫主义艺术文学的瑰宝。

在故乡幽居

夏花园和运河风光（1820 年）

俄罗斯文化之魂——普希金

普希金在南方桀骜不驯的表现再度引起了沙皇的不安。于是，他又被流放到普斯科夫省的米哈伊洛夫斯科耶。

　　1824 年的仲夏，普希金通过奥德萨城防司令收到了"立刻离开奥德萨前往普斯科夫省城"的命令，与科兹洛夫大叔经过尼古拉耶夫、伊丽莎白城、克列梅丘格、霍罗里、涅仁、切尔尼戈夫、奥尔沙、维捷布斯克和波洛茨克来到了新的"流放地"。这是一处僻静的小村落，它掩映在白桦树和枞树林里，一条小河蜿蜒流过，平静的湖面上游动着一群群白鹅。沙皇之所以把他幽禁在他父母的领地上，是企图让他的父母来"感化"他、监督他。普希金终于同久别的家人重逢。在故乡，他不仅见到了他的父母、姐姐和弟弟，还见到了他经常挂念的奶娘阿丽娜。可是普希金的家长对远方归来的儿子埋怨多、体谅少。特别是保守的父亲谢尔盖根本不能理解儿子的思想和行为，他对儿子浪漫不羁的品行，特别是得罪沙皇的那些激进诗作十分恼怒，认为儿子不务正业，自毁仕途。因为当时普希金不仅是第二次被流放，而且是被开除职务后的正式"流放"。普希金刚刚回到米哈伊洛夫斯科耶，父子俩就发生了一次伤感情的激烈争吵。吵架的情景可以用"狂风暴雨"来形容，普希金为此烦恼不已，他宁可流放他乡，也不愿生活在如此不融洽的大家庭里。幸好他的父母和姐姐很快就搬回圣彼得堡去了。据说普希金的父亲事后对这次家庭失和也很后悔，普希金过世后，谢尔盖经常去莫斯科看望普希金的孩子，并常常抱着儿子的半身塑像失声痛哭。普希金对自己的母亲也是很眷恋的，可是他的母亲纳捷日达多少有些偏爱他的弟弟列夫。不过，普希金毕竟是家里最有光彩的长子，在他处于困难的时刻，母亲还是尽了力的。当普希金被流放到南俄时，她四处奔走，找接近皇室和当局的朋友去斡旋，表示希望当局能够允许他们叛逆的儿子回到普斯科夫，由父母来亲自监管他。虽然这个请求得到沙皇的"恩准"，让普希金从南俄回到了米哈伊洛夫斯科耶，但他对自己又被父母约束看管还是不满意，他希望的是彻底得到自由。1836年春天，母亲去世，普希金在筹办《现代人》的百忙之中，专程护送母亲的灵柩回普斯科夫省米哈伊洛夫斯科耶老家安葬，还特地在母亲的墓地旁为自己准备了一块未来的安身之地，或许这样做，他当时就有某种预感。不幸的是，这种不祥的预感在不到一年的时间里，竟然成为悲惨的现实。1837年2月在一个寒气逼人、阴风飕飕的黑夜里，伟大诗人普希金孤零零的灵柩被秘密地运回这里，悄然下葬。

在米哈伊洛夫斯科耶，能给普希金莫大安慰的仍然是那位慈祥的奶娘阿丽娜。每到傍晚，他就坐在书房里听奶娘讲述故事和传说。普希金又仿佛回到了童年，他仍旧听得那么津津有味。有时，普希金一边听，一边把故事记录下来，经过他的整理加工，一个故事就变

普希金的奶娘阿丽娜，画家谢列雅科夫创作于1840年

成了一首诗或一篇童话。在普希金的心中，奶娘的故事和民歌永远是那么迷人、那么美丽。她是普希金最忠实的朋

友，她不光是讲故事的人，还常常是他新诗的第一个听众，有时奶娘还给他提出中肯的修改意见。难怪他在《致奶娘》这首小诗里称奶娘为"我苍老的亲人"，描述了这位"严峻时日的朋友"孤独一人在茂密的松林深处久久地等待着他归来的情景。晚年，阿丽娜在普希金姐姐家中安度余生，1828 年 6 月在圣彼得堡辞世，被安葬在瓦西里岛上的斯莫棱斯克公墓。

漫长寂寞的幽居生活和宁静的环境使普希金有时间来充实自己，他又一次钻进了图书丛中。在《拜伦谈话录》中他与"思想君王"促膝谈心；在《圣经》中他发现了上帝的秘密；莎士比亚的历史剧让他找到了历史感；塞万提斯的幽默使他忍俊不禁；彼特拉克的情思拨动了他心上的琴弦；歌德、席勒和格林也"前来"同他做朋友。西欧文学丰富的营养滋润着普希金的创作。著名的历史悲剧《鲍里斯·戈东诺夫》、叙事诗《鲁林伯爵》、诗体小说《叶甫盖尼·奥涅金》的第三章以及抒情小诗《酒神颂歌》《冬天的黄昏》《先知》等作品都是在这一时期完成的。

离普希金住地不远的三山村，是其朋友奥西波娃的庄园。他在闲暇时经常去庄园做客，有时骑着乡村的骏马，有时又步行前往。奥西波娃一家人都非常喜欢普希金。他总是给他们带来极大的快乐。女主人及其女儿们热爱文学，普希金就给他们朗读自己的诗作或者古典名著，有的时候还帮助姑娘们翻译文学作品。有的时候，普希金悄然来到庄园，主人们忙这忙那，没有察觉客人的到来，浪漫的诗人就钻窗户进屋，惹得主人们哈哈大笑。

　　普希金在米哈伊洛夫斯科耶生活时，一位美丽的女性给他幽居的日子增添了几分浪漫的色彩。一次，在友人奥西波娃的家中，他遇到了心中圣洁的偶像——才貌惊人的安娜·彼得罗夫娜·凯恩夫人。多年以前，他们曾在圣彼得堡艺术协会主席奥列宁家中见过面。当时，奥列宁家中正在举办晚会，凯恩夫人起初并没有注意到普希金，因为晚会的中心主角是大名鼎鼎的寓言作家克雷洛夫。大家围在克雷洛夫的身边，津津有味听他的寓言《蠢驴》。而普希金却早已被凯恩夫人的美貌所深深吸引。晚餐时，普希金有意坐在她的身旁，不断地用自己独特的嗓音引起她的注意。凯恩夫人，一个美丽纯情的女子，聪慧、典雅、崇尚自由和独立，喜欢感伤主义的小说。但是她的命运却令人可悲可叹。当她还不到十七周岁的时候，就被迫嫁给一个年过半百的老军官。虽然普希金对凯恩夫人一见钟情，但凯恩夫人当时已是名花有主，已为人妇，他只能将他的深情埋藏于心底。1825年，凯恩出人意料地来到了米哈伊洛夫斯科耶邻近的三山村。老朋友重逢，百感交集。普希金后来才知道，凯恩夫人婚后的生活很不如意。现在，她同仍然孤身一人的普希金有了感情上的共鸣。邂逅心上人，普希金感到莫大的欣慰。在三山村的日子里，他们常到林中散步，在月光下谈心。至今在米哈伊洛夫斯科耶还保留着普希金和凯恩夫人散步的那条著名的林荫小路，它的名字叫作"凯恩林荫小路"。每到深秋，参天的椴树和白桦都会洒落一地迷人的金黄叶子，让来此地旅游的人们联想起俄罗斯文学史上这对著名的情侣。他们谈起了德国文学，普希金希望凯恩夫人能帮他找一些相关作品，不久，普希金收到了凯恩夫人托人从圣彼得堡捎来的歌德的作品。与凯恩夫人的幸福重逢，使爱情的激流又重新在他的心中涌动，他再也不能抑制住内心的情感，用白色的羽毛笔写就了那首广为人知的爱情绝唱《我记得那美妙的瞬间》："我记得那美妙的瞬间，你出现在我的面前，仿佛转瞬即逝的梦幻，又似清纯美丽的天仙。"一个月色皎洁的夜晚，普希金为将远去的凯恩夫人送行，临别时他把这首诗夹在润色完毕的《叶甫盖尼·奥涅金》的第二章中送给她留作纪念。这同样也是受华兹华斯小诗《一个完美女性》影响而创作的情诗，后被著名作曲家米哈伊尔·格林卡谱成优美动听的抒情浪漫歌曲，成为世界音乐史上珠联璧合的声乐精品。与凯恩夫人的重逢给普希金又带来了"灵性、灵感、生命、喜泪和爱情"。

圣彼得堡的同学和朋友也时刻惦念着软禁在孤寂乡村的普希金。虽然，米哈伊洛夫斯科耶所在的普斯科夫省距离圣彼得堡并不很远，但不少人因怕受牵连而不敢前往普希金的住地探访。这样，普希金有近五年的时间没有与他们晤面，他常在诗歌里抒发对朋友的思念之情。1825年冬天的一个清晨，阵阵清脆的马铃声打破了普希金所在庄园的寂静，他循声望去，一张熟悉而亲切的面孔映入他的眼帘。原来是他皇村学校的同学，也是亲密的朋友普欣冒着危险来探望他了。普希金惊喜万分，一时间竟难以相信这是真的。他也兴致勃勃地给老友奉送了他的新作。就在普希金和普欣促膝长谈的时候，沙皇的鹰犬也在庄园的附近像阴魂一般游荡，监视着普希金的举动。他早已习惯了这一切。普欣这一次也目睹了普希金是在何其艰难的环境中生活和创作，从而更加钦佩这位杰出诗人的勇气和毅力，挚友的真情也深深地抚慰了普希金孤寂的灵魂。

普欣为他带来了著名讽刺剧作家格里鲍耶陀夫的剧本《聪明误》。这是一出轰动俄罗斯剧坛的力作。在寂寞的庄园里，普希金一直也惦念着他的这位好朋友格里鲍耶陀夫。普希金与格里鲍耶陀夫是在1817年相识的，他也希望他们能够尽快重逢，在一起畅叙友谊，交流文艺创作体验。

可惜这位年轻的讽刺喜剧大师命运多舛，几年后在出使波斯王国期间竟然被极端分子刺杀了。普希金与格里鲍耶陀夫也真是有缘分，1829 年，就是格里鲍耶陀夫遇难的那一年，普希金正在俄罗斯南部旅行，途中竟然遇见了运送格里鲍耶陀夫遗体的车队，就跟着他们一起护送了友人的亡灵。

还是在 1825 年的春天，普希金的另一位挚友杰里维格也冒险来到米哈伊洛夫斯科耶。他们仍然像往常一样，畅叙友情。文学始终是他们话语的主题。杰里维格给寓居乡间的老朋友带来了圣彼得堡和莫斯科的文艺新闻。在米哈伊洛夫斯科耶小住的日子里，杰里维格愉快地欣赏到普希金的新作品。深厚的友谊、意外的重逢极大地鼓舞了普希金的创作激情。

十二月的震荡

1825 年 12 月 14 日（俄历），圣彼得堡参政院广场，画家盖尔曼创作于
1830 年

俄罗斯文化之魂——普希金

1825 年 12 月 14 日（俄历）在圣彼得堡参政院广场上爆发了俄罗斯历史上著名的"十二月党人起义"，普希金没有参加起义，却被人们视为这场起义的"精神领袖"。

　　1825 年的那个多事之秋，一个震惊整个社会的事件冲击了普希金相对平和的生活。这年秋冬时节，普希金感到情况异常，有很长时间圣彼得堡的朋友都没有给他写信。他不知圣彼得堡现在局势如何。12 月 1 日，一个令人震惊的消息传到米哈伊洛夫斯科耶：沙皇亚历山大一世去世了。这个突如其来的消息是由一个从圣彼得堡回来休假的军人带来的。普希金起初不大相信，不久，消息被证实后，他感到不安，同时冥冥之中也预感到自己的命运可能将有转机。12 月 4 日，他给朋友卡捷宁写信说："眼下的巨变可能使我和我的朋友接近。"6 日，他又写信给普列特尼约夫，请他们向新沙皇尼古拉一世说情，允许他回首都或去里加居住。他一边等待着京城的回复，一边继续创作长诗《努林伯爵》。正当普希金准备离开米哈伊洛夫斯科耶时，12月中下旬，奥西波娃家的厨师带来一个更加让人震惊的消息：圣彼得堡发生了暴动。原来，这个危急时刻，贵族革命党人决定利用沙皇亚历山大一世突然驾崩，皇权更迭所造成的政局混乱发动反专制的起义。12月14日，涅瓦河畔的参政院广场上响起了军事起义者的呐喊声，他们冲向皇宫，同沙皇的卫兵展开了搏斗。匆忙即位的新沙皇尼古拉一世急忙调来大批军队前来镇压，一时间，圣彼得堡中心地带炮声隆隆，火光冲天。由于革命党人没有充分发动

十二月党人在赤塔城堡斗室里，画家列宾创作于 1828 年

广大下层群众，起义没能获得广泛的支持，还因为缺乏统一的指挥，起义很快被沙皇镇压下去。这就是俄罗斯历史上有名的"十二月党人起义"。雷列耶夫、别士图舍夫、普欣和别斯捷里等革命党人被捕，这场起义失败后，以雷列耶夫为首的五名起义领袖被沙皇当局绞死，一百多名十二月党人被流放到西伯利亚荒凉地区。被流放者中就包括普希金的挚友普欣。普希金听了厨师的讲述后，心情格外沉重。他长期渴望的反沙皇专制起义终于爆发了，但却这样迅疾地失败了。这天夜里他与奥西波娃一家围坐在炉边，给他们讲述了他所粗略了解的秘密社团的情况，当然主要是革命者的政治和文学主张。至于他们的具体组织和秘密行动计划，普希金就无从知晓了。大家都为圣彼得堡的朋友们担忧，同时也担心普希金受牵连。在获知起义消息的那几天，普希金烧毁了大量的自传笔记和书信，他这样做并不是为了保护自己，而是为了保护更多的朋友。因为在南俄流放时期，普希金曾经与南方秘密社团的朋友有过多次深入的谈心，而这些朋友大多成为十二月党人。普希金被迫烧掉了记录他们谈话的传记笔记，这对于诗人的创作来说，损失巨大，却又万般无奈。普希金的担心是有道理的，果然就在十二月起义首领遇害之后，沙皇的鹰犬第三厅的特务就来到米哈伊洛夫斯科耶，奉命追查普希金倾向争取农民自由的行为，特务们甚至还曾经打算逮捕他。特务头子向村民询问普希金的表现和行踪，而善良的村民保护了他，他们对特务说，普希金哪里也没有去，表现很谨慎。圣山修道院院长与普希金十分熟悉，本来沙皇当局让他来监视普希金，但在对付沙皇鹰犬的过程中他却给予普希金真诚的帮助。沙皇的特务们没有查出任何与起义有关的东西，只得夹着尾巴离开了。

　　涅瓦河畔沙皇反动势力掀起了迫害进步人士的恶浪，新沙皇尼古拉一世亲自在冬宫审讯被捕的革命党人，而且点了普希金的名字。在对起义者的抄家过程中，沙皇的鹰犬虽然未能找到普希金参加十二月党人组织的证据，但还是找到了他与十二月党人的某些联系，发现了他鼓动革命的诗篇。其实，普希金只是十二月党人的"诗歌领袖"或"精神领袖"。他对十二月党人的预谋真的一无所知，连他最知己的朋友、参与密谋起义的普欣对普希金也都守口如瓶。当然，他更不知道北方秘密社团的领导尼基塔·穆拉维约夫和雷列耶夫的具体革命活动了。十二月党人起义后，俄罗斯的进步杂志《北极星》被查封了，但是，1826年底普希金的第一部诗集《亚历山大·普希金诗集》却在这个不幸而又英勇的时期出版了，这对于俄罗斯进步思想界又是一件难得的幸事。

这次革命给普希金以极大的鼓舞，尽管起义没有成功，但他终于看到革命的呼声化为了革命的行动，他虽然没有参加起义，但他无疑是一个精神上的十二月党人。1828 年他在莫斯科遇见了十二月党人穆拉维约夫的妻子穆拉维约娃，就是拉耶夫斯卡雅。当时，这位坚贞的女性即将前往荒凉的西伯利亚去探视自己被流放的丈夫，并决意和丈夫战斗在一起。普希金就托她给从前的战友们带去一首鼓励斗志的诗篇《西伯利亚矿井深处》，诗歌曾表达了对朋友的深切怀念。他希望"他们保持高傲的耐心……他们高尚的精神追求不会付诸东流。希望和不幸像是一对孪生的忠实姐妹，它们蕴含在混沌的地下，它将唤醒活力和欢乐，人们期待的时代定将到来"。普希金在诗歌里抱定这样的信念：俄罗斯专制的社会一定会覆灭，自由一定属于人民和为之奋斗的战士。著名诗人、十二月党人奥陀耶夫斯基接到普希金这首诗后立刻写下回赠诗，诗中"星星之火定会燃成燎原的火焰"也成了俄罗斯历代革命者的座右铭。列宁创办《火星报》后，奥陀耶夫斯基的这一句诗被作为座右铭刊登在每一期头版的右上角。

为了加强对普希金的控制，尼古拉一世决定直接看管他并企图以虚假的"仁慈"收买他。普希金虽然具有民主意识和叛逆性格，但毕竟还不是一个职业革命者，为了自

己的创作事业和治疗疾病，对当局也有所妥协。他曾经在
1825 年的夏天给亚历山大一世致信，希望当局能够为他恢
复名誉，请求允许回首都居住或出国旅行。尼古拉一世在
加冕之后直接下诏，召普希金回莫斯科。

　　普希金重获自由后，经常来往于圣彼得堡和莫斯科。
他不顾当局的威胁，继续创作反映社会现实的作品，艺术
风格逐渐从浪漫主义转向现实主义。他的每一部作品都要
被送交沙皇尼古拉一世亲自审查。沙皇希望与普希金"和
解"。这位附庸风雅的皇帝有时也企图"参与"他的创作，
但普希金却千方百计地拒绝独裁者对他心灵圣地的染指。

　　秉性浪漫的普希金总渴望从新奇的生活中寻求创作的
灵感。还在南俄流放时，他或是去攀缘峻逸的山峰，或是
游历古代的王宫，或是到民间去采风，每当这样的时候，
他经常脱去贵族的外套，换上贫民或少数民族的奇装异服。
在比萨拉比亚，他甚至混迹于流浪艺人中间到大草原去领
略自由。他真可以说是一个俄罗斯式的"拜伦"。他虽无仕
进之心，但也希冀火热的生活，像拜伦一样去闯荡。1828
年他终于得到这样一个机会。当时，俄罗斯正在同土耳其
开战，普希金通过他弟弟和友人的关系也来到了驻扎在高
加索的野战部队。普希金骑着战马跟在炮兵后面行进。山
区道路的险恶和雪崩的危险不但没有使他望而却步，反而

让他倍感兴奋。更让他高兴的是在部队里又与拉耶夫斯基将军父子重逢了。1829 年 5 月与俄军部队一起来到了阿尔兹鲁姆，渡过了波涛滚滚的阿尔帕河后，普希金便来到了真正的前线。一天傍晚，普希金正在营地用餐，突然战地警报发出，接着就传来了急速的马蹄声。土耳其骑兵发动了突袭。普希金立刻跟着将士们冲了出去。他捡起阵亡战士的长矛，跨上战马，杀向敌阵。普希金非常珍视这一次可贵的战斗经历，后来把高加索的马鞭挂在了自己的书房留作了永久的纪念。有趣的是，虽然普希金没能投笔从戎，驰骋疆场，而他心爱的长子亚历山大后来却成为骠骑兵的军官，在 1891 年还被授予了中将军衔。

高加索山区的民风野味又一次陶醉了多情的普希金。而普希金回报给将士和大山的是充满边塞豪气的一系列诗篇，它们是《高加索》《雪崩》《集合号在响》《山谷》《格鲁吉亚》《卡兹别克山上的寺院》《顿河》和《阿尔兹鲁姆旅行记》。第二次高加索山地之行对普希金来说收获是巨大的。普希金从儿时起就幻想去旅行，边塞对他充满了神秘感，这次他终于如愿以偿。奇特的生活进一步充实了他诗歌创作的内容，丰富了他的艺术表现视角，从而也使他的诗作风格多样化了。

1830 年初，普希金和他的挚友杰里维格在圣彼得堡创

夏宫与工程堡及丰坦卡河岸街（1820 年）

俄罗斯文化之魂——普希金

办了俄罗斯历史上第一份大型文艺报纸《文学报》。普希金担当了《文学报》的主笔，发表了许多文学批评文章，评论了冯维辛、扎戈斯金等作家的作品。同时《文学报》也刊登了普希金本人的一些作品，诸如《彼得大帝的黑奴》《阿尔兹鲁姆旅行记》等。由于普希金的影响力，当时的许多知名作家都为这份新兴的报纸撰写文章和作品。报纸的使命在于为俄罗斯的启蒙和自由而奋斗。《文学报》在文学史上的一大功绩就是扶持了19世纪初期新兴的文学力量，讽刺文学大师果戈理在《文学报》上崭露头角。可惜由于种种内外因素，这份激情洋溢、文采飞扬的《文学报》只办了半年就被迫停刊了。直到苏联时代，1929年在苏联文豪高尔基的赞助下，《文学报》才得以复刊。从那时起《文学报》又恢复了普希金的传统。

六年后，即 1836 年，普希金又创办了一份高水准的文学期刊《现代人》，他对这份刊物投入了巨大的精力，准备了大量的资料。3 月 25 日，《现代人》正式在圣彼得堡面世。普希金参与了最初四期的编撰工作，还担任了头两期杂志的责任编辑，尽管没有署上他的名字。《现代人》第一期刊发了自己的一些作品，其中有《彼得大帝的盛宴》《吝啬骑士》及散文《阿尔兹鲁姆旅行记》等等。第二期普希金编发了一个有特色的作品，这就是 1812 年卫国战争的女英雄杜罗娃的札记。第三期发表了他的一些文章，如《论普加乔夫叛乱史》《关于洛巴诺夫的意见》《伏尔泰》等等。就在这一期《现代人》上，普希金还就纽约出版《约翰·特纳札记》发表了长篇文章。在 1836 年 11 月出版的第四期《现代人》上，他刚刚完成的中篇小说《上尉的女儿》占据了主要篇幅。当时圣彼得堡的知名作家，如丘特切夫、科里佐夫、茹科夫斯基、维雅捷姆斯基、屠格涅夫和奥陀耶夫斯基都是《现代人》的热心撰稿者，果戈理的许多作品像《鼻子》《一个生意人的早晨》等也都发表在《现代人》上。在发表《鼻子》时还配发了编者按，称赞这部小说中有太多惊奇的、幻想的、愉快的和独特的东西。起初，果戈理还不大情愿立刻发表这部作品，但普希金劝说他一定要与这本文学刊物的读者们共同分享快乐。与其同时代的青年作家们对普希金的热情栽培铭记在心，终生难忘。

普希金虽然是京城贵族出身，但他更是大自然的儿子。他喜欢在大自然的怀抱里歌唱，在乡野间倾吐他的爱心，在林里花丛中抒发他的激情。1830年枫红似火的金秋，居住在波罗金诺庄园的普希金又迎来了一个收获的季节，秋天正是诗人最喜欢的季节。因为每到秋天，他的身体就健康结实，精神百倍，干劲十足。于是，秋天就经常成为其文学创作的最佳时期。当时，波罗金诺附近的村庄流行霍乱，将普希金的日程打断了。普希金本想回莫斯科生活，这下只能困守在波罗金诺。普希金并没有消极地等待疫情的解除，而是充分利用这段时光进行创作。波罗金诺距莫斯科只有一百二十公里，近二十年前库图佐夫元帅领导的军队曾在此地痛击过法国侵略军，赢得了著名的波罗金诺大会战的胜利。而今普希金在这个历史圣地上也取得了艺术上的重大胜利。他完成了《叶甫盖尼·奥涅金》的最后两章，写出了《别尔金小说集》，四部小悲剧《吝啬的骑士》《莫扎特和萨列里》《瘟疫流行时的宴会》《石客》，叙事诗《科洛姆纳的小屋》及许多小诗。在这个金秋，他的作品之多、速度之快都是空前的。普希金独爱金秋，而秋色也仿佛格外钟情于他。被文学史家称为"波罗金诺金

普希金最著名的自画头像（1829 年）

秋"的主要成就在于普希金的小说和戏剧。当然这些作品也包融着他一贯的抒情色彩。《别尔金小说集》中的作品各具特色：《村姑小姐》利用巧合讲述了贵族青年阿列克谢与铁匠的女儿莉莎喜结良缘的故事（这个作品具有非常浓郁的生活气息）。小说展现了 19 世纪初叶俄罗斯现实生活的某些新的景象。历经彼得大帝的经济文化改革和叶卡捷琳娜二世的"启蒙时代"，西方发达资本主义国家的文化意识和近代生活方式渐渐传进古老落后的国度，青年人的思想开始发生变化。可是，保守的宗法制度的维护者也还在顽固抵抗。普希金就以自己的作品与旧势力进行思想斗争。

《射击》描写了轻骑兵军官与贵族出身的青年军人的决斗，讽刺了部分贵族子弟的轻浮与怯弱（作品体现了普希金对贵族军人心态的细腻观察），通过主人公精神的变化折射了作者渴望去异国献身的浪漫主义的冲动。《暴风雪》则描写了富家小姐与贫穷的掌旗官布尔明在命运的帮助下克服门第观念的阻碍而结为夫妻的故事。《驿站长》第一次在俄罗斯文学中以现实主义的笔触勾勒下层普通人的形象。青年贵族军官明斯基在一个小驿站作短暂停留时，看上了驿站长美丽的女儿冬妮娅。尔后，他把她诱回京城结婚。穷苦的老驿站长到圣彼得堡来央求明斯基还他女儿。不料，已成为贵妇的冬妮娅根本不愿再回到寒酸的小驿站。明斯基冷冷地递给老人一把钞票。身心受难的老驿站长最终在穷困和孤寂中去世。小说在看似平静的故事中揭示了人物内心的巨大苦痛，批判了统治阶层中纨绔子弟的霸道和冷酷。这篇作品是早期批判现实主义文学的代表作之一，也是俄罗斯与苏联文学道德题材创作的开山之作，成为后来文学中以平民为主人公作品的光辉典范。它同《叶甫盖尼·奥涅金》一起成为俄罗斯新文学道路上的又一个重大里程碑。普希金之后，果戈理、赫尔岑、屠格涅夫、陀思妥耶夫斯基、契诃夫等作家都通过小人物展现过农奴制社会的悲惨现实状况。鲁迅所言俄罗斯"为人生"的文学由此开始。

普希金的戏剧创作以情节精练见长。《吝啬的骑士》在人物性格的对比中暴露了一个守财奴的可憎面目;《莫扎特和萨列里》批判了嫉贤妒能者的卑劣行径，淋漓尽致地展示了萨列里的畸形心态;《石客》通过新的唐璜形象的塑造嘲弄了西班牙王国的宗教和法律。十二月党人起义后，普希金的创作更加具有深广的社会意义和历史意识。

童话大师

夏花园旁的运河（1820 年）

俄罗斯文化之魂——普希金

1830 年至 1839 年间普希金又以极大的热情创作了一批优美的童话诗。它们是《鲁斯兰与柳德米拉》《神父和他的长工巴尔达的故事》《沙皇萨尔坦的故事》《渔夫和金鱼的故事》《死公主和七勇士的故事》《金鸡的故事》，这些作品为世界文学增添了光辉的篇章。尽管当时他的同时代的某些批评家并不看好他的这些作品，不仅波列伏依，而且连巴拉丁斯基和别林斯基也没有及时理解这些作品的现实意义。据普希金的朋友乌尔夫回忆，1834 年 2 月普希金刚刚被沙皇任命为宫廷士官侍卫，这是沙皇有意贬斥他。普希金满腹怨气，那时他对朋友说，他正在创作《普加乔夫史》和几个童话。将如此严肃的历史题材作品和童话作品放在同一时期写作，这不是偶然的巧合。两类作品之间是有内在的联系的，主要的联系就在于反抗沙皇对民众的专制思想方面。随着时光的推移，普希金童话的思想意义和艺术成就愈加闪耀出独特的光彩。

生性善良的普希金永远是个童心未泯的诗人，他善于在童话中发现儿童文学体裁的意义。童话是孩子们的心灵乐园。从童话故事启蒙的普希金用他那支多彩的笔为全世界的少年儿童描绘出许多瑰丽奇异的童话王国，给他们带来了欢乐，成为他们知心的好朋友。作为一个文学家，普希金是很幸运的，他童年时身边有三个爱给他讲故事的人，一个是他的外婆，另一个是他的奶娘，还有一个是青年长工尼基塔，从他们那里小普希金知道了许许多多有趣的童话和寓言，如《沙皇与三姐妹》《长工巴尔达智斗小鬼》《公主玛丽雅》《白胡子的魔术师》等；走进小诗人心灵世界的还有《沙皇萨尔坦》《英俊的游侠骑士》《凶恶的妖精》。每当普希金神情忧郁时，他总是请奶娘给他说故事，并且听得入迷。他还经常到老百姓当中去收集民间故事，从德国作家格林兄弟、法国寓言家拉封丹和俄国寓言大师克雷洛夫的创作中受到启发。所有这些都为普希金创作自己的童话奠定了丰实的基础。必须指出的是，普希金的童话虽然有前人的基础，但是他的作品绝不是旧童话的改写，而是在此基础上的创造。

世界文学史上童话的创作数量极多，堪称佳品的也为数不少，然而像普希金那样用诗歌的形式来创作童话的却极为罕见。普希金根据儿童的欣赏习惯和心理特点，将童话、童谣和抒情诗三者有机地结合起来，创造了"童话诗"这一新颖的文学体裁，并且成功地写出大量的作品，成为世界儿童文学史上一大奇观。百余年来，在童话诗的创作上尚未有人超越普希金，因而他的作品就更显得珍贵。普希金一生共创作了一部童话长诗、两个中篇及三个短篇童话诗。这些作品中有的歌颂勇敢的精神和坚定的斗志（《鲁斯兰与柳德米拉》），有的表现人民的勤劳和机智（《神父和他的长工巴尔达的故事》），有的颂扬纯洁的友谊和忠贞的爱情（《死公主和七勇士的故事》），有的惩恶扬善（《沙皇萨尔坦的故事》），还有的抨击了贪得无厌和背信弃义（《渔夫和金鱼的故事》）。普希金的这些童话诗在轻松、愉快以及幽默的气氛中给孩子们魔幻般的想象和有益的启迪。

普希金的童话作品中场面最宏大、情节最曲折和景象最奇幻的首推童话长诗《鲁斯兰与柳德米拉》。1817年当普希金还是皇村学校的学生时，受前辈诗人茹科夫斯基《十二个睡美人》的启发，开始创作他的这一部大型诗歌作品——一部具有俄罗斯特色的童话诗。在作品中童话世界与俄罗斯的古代史奇妙地融合在一起。故事从12世纪的基辅罗斯（俄罗斯帝国的前身）的王宫盛宴讲起。

基辅大公弗拉基米尔为他的女儿柳德米拉的婚礼大宴宾客。新郎是勇敢的骑士鲁斯兰公爵。这对幸福的年轻人沉浸在无比的欢乐之中。席间，著名的歌手鲍扬手弹着古斯里琴为客人们纵情歌唱，还把美丽的花冠给新郎新娘戴在头上，宾主频频举杯，齐声为新人祝福。有趣的是，鲁斯兰的三个情敌也夹杂在宾朋之中，他们分别是剽悍的剑客罗格达伊、骄傲自负的懦夫法尔拉夫和年轻的可萨汗王拉特米尔。这三位都是美丽的公主的迷恋者。如今眼睁睁地看着心中的偶像成为鲁斯兰的妻子，他们个个闷闷不乐，满腹妒意。

　　婚宴结束了。正当新郎新娘步入洞房准备就寝之时，意料不到的灾难突然降临：天穹雷声大作，夜空电光闪亮；大地在妖雾里震颤，红烛在混乱中熄灭。黑暗中，一个身影从鲁斯兰身边一闪，劫走了他心爱的姑娘。弗拉基米尔大公得知这一可怕的消息，怒斥鲁斯兰懦弱无能，同时诏告天下：谁能找回他的掌上明珠，就让谁做未来的女婿，另外还要赏赐半壁江山作为陪嫁。重赏之下，必有勇夫，更何况柳德米拉还拥有那么多的崇拜者。鲁斯兰第一个报名，他决心不惜一切代价找回自己的心上人，并以此洗刷所蒙受的耻辱。不用说，柳德米拉的另三位崇拜者也紧紧抓住了这天赐的良机。

四个骑士出发了。他们的使命虽然相同，但各自的心态却大不一样。傲气十足的法尔拉夫想用宝剑显显本领；拉特米尔急不可耐地做起了美梦，恨不得公主立刻成为他的人；罗格达伊心情矛盾，既想立功受赏，却又担心前途险恶。只有鲁斯兰强忍悲痛，策马扬鞭，机警地搜索着目标。骑士们在第聂伯河畔的岔路分道扬镳了。

　　鲁斯兰骑马奔驰在寂静的旷野上，荒凉的景象使他有些信心不足。突然他的面前出现了一个山洞，里面有个白胡子老人正端坐在石上诵经，鲁斯兰下马走进去向老人打探柳德米拉的踪迹。这位老人是善良的仙人，他同情鲁斯兰的不幸遭遇，便告诉勇士说，是北方的黑海魔王抢走了柳德米拉。在仙人的鼓励下，鲁斯兰信心倍增。辞别仙人后，勇士急速向北方奔去。没走多远却又遭到充满妒意的罗格达伊的突然袭击。两个勇士杀得天昏地暗，罗格达伊的长矛被砍断，鲁斯兰的宝剑也断成几截。几个回合后，罗格达伊败下阵来，鲁斯兰一气之下，将这个卑劣的小人扔进了第聂伯河的狂涛之中。罗格达伊被河底的水妖收走，变成了幽灵。

　　就在鲁斯兰同罗格达伊激战的时候，柳德米拉却被幽禁在魔王的城堡里。这里的花园倒是十分迷人：园中春风和煦、鸟语花香，镶嵌着雕像的喷泉在喷涌，清凉的溪水

阿尼奇科夫宫（19世纪中叶）

俄罗斯文化之魂——普希金

在林中缓缓流淌，小路两旁五颜六色的奇花异草散发着阵阵馨香。但被愁云笼罩的柳德米拉全然无心欣赏这美丽的景色。她心中思念着亲人，不为魔王的诱惑所动并且机智地同他做斗争。一天夜里，魔王潜入了公主的房中，柳德米拉这才看清，魔王原本是个驼背的长着大胡子的小矮人。面对恶魔，公主毫不惧怕。在搏斗中，她一把夺过魔王的法帽并挥起愤怒的拳头，用喊声吓跑魔王。无意间，柳德米拉发现了法帽的奇妙功能。原来魔王的这顶法帽是个"隐身帽"，她摘下帽子，自己立刻在镜中出现。柳德米拉高兴极了，她找到了脱离危险的法宝。

鲁斯兰战胜罗格达伊之后，又闯入了一个古代战场的遗址，这里骷髅遍地，阴森可怕，四处散落着兵器和铠甲。这一恐怖的景象不但没有吓倒鲁斯兰，反而激发起他战胜困难的勇气。他同罗格达伊决斗时折断了长剑，眼下正需要新的武器，于是他从这古战场的遗址中挑出一支钢矛又踏上了征程。走到晚霞映红天际时，鲁斯兰又碰上了一个大怪物。透过暮色，勇士忽然发现前边有一座正在呼吸的高大山冈，他走到跟前借助月光细细一看，呀！原来是个活生生的巨大的人头，鲁斯兰有意用长矛捅了一下它的鼻子，于是巨头睁开双眼，打了一个巨大的喷嚏，霎时间，草原刮起了一阵狂风，它发现了勇士并厉声呵斥他退回去。

鲁斯兰虽然多次被巨头吹的狂风刮得老远，但并不灰心，几经搏斗，终于取得胜利。他从巨头那里缴获了一把神剑并了解到黑海魔王的致命弱点。之后，鲁斯兰又向北方奔去。

再说那爱做美梦的拉特米尔，他也在荒野上走了许久，正当他颇感寂寞的时候，忽然听到了少女动人的歌声。在拉特米尔的眼前出现了一座城堡，那唱歌的姑娘把他领进城堡里，华丽的宫中美女如云，佳肴飘香。这位骑士没有鲁斯兰那样的毅力，禁不住这舒适的诱惑。在这梦幻般的仙境里他早把自己的誓言和使命抛到了九霄云外，从此开始了他幸福的隐士生活。

在魔王的城堡中，狡猾的魔王再次设计抓住柳德米拉，恰恰在这危急的关头，鲁斯兰及时杀进了城堡，勇士和魔王的搏斗立刻在天空中和陆地上展开。鲁斯兰手持神剑，魔王挥舞巨锤，你砍我砸，杀得难解难分。勇士早已知道，魔王的长胡子既是他施展魔法的武器，也是他的致命伤。在厮打中，鲁斯兰终于有机会抓住魔王的胡子并用宝剑把它斩断，这个恶魔因此失去魔力而束手就擒。接着，鲁斯兰找到了昏迷不醒的柳德米拉，但他不知怎样才能唤醒她。这时，那个给勇士指点迷津的仙人又出现了，他告诉鲁斯兰，要尽快把柳德米拉带回阳光灿烂的基辅，只有忠贞的爱情才能唤醒她。

　　归途中，心怀不轨的法尔拉夫乘鲁斯兰不备将其刺死，夺走柳德米拉抢先回到了基辅，在弗拉基米尔大公面前，法尔拉夫谎报战功，企图骗取大公的信任。然而，大公最关心的还是如何让心爱的女儿苏醒过来。笼罩基辅的愁云尚未散去，新的风暴又突然袭来，贝琴涅戈人的军队包围了基辅。只见远处火光闪闪，黑烟弥漫，敌人的士兵铺天盖地一般压了过来，城外的平原上守军仍在步步逼近，城内的百姓忧心如焚。就在这千钧一发之际，被仙人用神水救活的鲁斯兰及时赶回了故乡，他像霹雳一样闯入敌营，势不可当。

　　在鲁斯兰威力的鼓舞下，俄罗斯士兵士气大振，乘胜追击，奋勇杀敌，基辅很快解围。战斗刚一结束，鲁斯兰就马不停蹄地来到柳德米拉的身边，他借助一枚神奇的戒指，唤醒了沉睡的未婚妻，有情人终成眷属。

　　这篇童话在歌颂忠贞与勇敢的同时，也嘲笑忌妒，抨击卑劣。它写得热情奔放、绚丽多彩，一扫古典主义的陈规戒律和感伤主义的神秘氛围，《鲁斯兰与柳德米拉》是一曲青春的颂歌，是一首勇士的赞歌，也是一篇爱情的赞美诗。普希金写作这部童话是对茹科夫斯基的《十二个睡美人》的创作观念的反拨，茹氏的风格哀然而神秘，而普希金的童话诗却洋溢着青春的气息，充满着生活的乐趣。童话诗开篇第一章就把读者带进欢乐的气氛中，这里美酒飘香，歌声嘹亮，宴席场面的描写那样生动和细致，使人几乎忘却了是在读童话。他将主人公柳德米拉完全当成生活中普通的少女来描写，赋予她天真、活泼、机灵而又调皮的性格。普希金极为传神地写出了青春特有的气息。童话诗中战斗的场面充满胜利的喜悦，骑士们的行为诙谐豁达，就连魔鬼出没的场景也不令人恐惧，整个作品具有一种轻喜剧的风格。

作为一部浪漫主义的童话诗，《鲁斯兰与柳德米拉》充溢着浓厚的抒情性，作者以抒情歌手的身份在童话诗中直接抒发了他对生活、爱情和青春的热爱，同时也采用歌谣的形式来抒情。浪漫主义的特色还表现在人物形象的塑造中。鲁斯兰的身份虽然是古代勇士，但他的精神面貌却是浪漫主义的，感情炽烈，为了忠贞的爱情和个人的幸福敢于牺牲一切，具有冒险精神，喜欢在异域他乡孤军奋战，且斗志高昂。人物是虚构的，但情感却是真挚的。

丰富的情调和多样的画面也是这篇童话诗的一大特色。它像一只色彩斑斓而富于变化的万花筒，不断映现出各种场面，表现出不同的情调。战斗的场景与平和的场景交替出现，快乐滑稽的情绪与忧郁可怕的氛围也交织在一起，场景与气氛总是呈现出一种复调的状态。幻想的成分通过生活的感知，即通过视觉的、听觉的感受表现出来，幻想的东西几乎变成了现实的，对"法帽"的构思与描写就是如此，它是作家虚构的，却又通过极为生活化的形式得以体现。普希金童话的魅力也来自这样一种复调之中，他非常讲究童话意境的色彩，鲁斯兰与巨头相遇前的那段景物描写色彩鲜明醒目。

普希金很喜欢蓝色、绿色、红色和金黄色，在他看来，这些颜色是仙境的色彩，是童话的色彩，也是生命的色彩，他酷爱大海、月亮和太阳，这是他在创作中对它们的特殊印象。在《鲁斯兰与柳德米拉》重版时加上的序诗以它迷人的意境而脍炙人口，"在海湾边上有一棵绿色的橡树，在那橡树上挂着一条金项链；无论白天还是黑夜，一只聪明的小猫总是在项链上打转；它向右走，就唱起歌谣，向左走，就讲起童话"。这节诗引人入胜，使读者急于亲历诗人笔下的童话世界。

《鲁斯兰与柳德米拉》以它鲜明的民族性成为第一部有俄罗斯特色的浪漫主义作品。这篇童话多方面地吸收了俄罗斯民间故事的素材，普希金熟悉而创造性地运用俄罗斯本民族的文化符号，如古斯里琴、歌手鲍扬等，并且将同时代俄罗斯艺术的成就，如茹科夫斯基的诗歌和奥尔洛夫斯基的绘画，糅合在他的作品里。普希金通过这部作品出色地完成了当时进步的文学界想要完成的任务，却以生动有趣的故事反映俄罗斯的历史过程，用民间传奇反映重大的历史事件。童话诗的第六章已将抒情的色调转向了史诗的风格，基辅罗斯人对贝琴涅戈人的胜利以鲁斯兰的奇功而载入俄罗斯的文学史册。那英勇宏大的战争场景实际上含着对1812年俄国抗法战争的歌颂。普希金以他青春的灵气和热情开创了俄罗斯积极浪漫主义文学的新局面，改变了以前一味效仿西欧文学的落后状况。

如果说《鲁斯兰与柳德米拉》是对俄罗斯勇士的讴歌，那么童话诗《沙皇萨尔坦的故事》则是对俄罗斯式的理想国的赞颂。童话诗写于1831年，那时，普希金正值新婚宴尔，喜悦之情也洋溢在他的创作之中。所以这篇童话诗仿佛一首节日序曲。童话诗的全称是《关于沙皇萨尔坦，他的儿子光荣而威武的勇士格维顿·萨尔坦诺维奇公爵及美丽的天鹅公主的故事》。

故事从沙皇萨尔坦挑选皇后开始。沙皇娶了一个贫家姑娘做皇后，这个姑娘美丽贤惠，她最大的心愿就是给皇上生一个勇士。姑娘的两个姐姐也跟着妹妹进了皇宫，一个做织工，另一个当厨娘。她俩心眼狭小，非常忌妒妹妹。沙皇新婚不久就统兵远征。当皇后生下小王子时，沙皇仍在边关作战。皇后的两个姐姐暗中捣鬼，扣下了给沙皇报喜的信使，并诬陷皇后，又假传圣旨，将皇后母子俩装进木桶抛进了大海。

神奇般长大的小王子格维顿请求海浪拯救他们母子，海浪听从了他的话，把他们送上了小岛。格维顿用神力打穿木桶，母子俩钻了出来。小王子在海边寻找食物时搭救了被凶鹰追逐的天鹅，他的这一义举很快得到了天鹅的回报，在他的眼前出现了一个美丽城堡。从此以后，格维顿王子开始统治这座城堡，他仁慈宽厚，待人热情，凡是经过这个岛国的商人都被他请到皇宫里盛情款待。格维顿虽然没有见过他的父亲沙皇萨尔坦，却时时刻刻挂念着他。他得知商人们要去萨尔坦王国，就请他们向父亲带去问候。在天鹅的帮助下，王子变成了蚊子附在商船上来到了萨尔坦王国，又跟着商人们飞进了皇宫。商人们向沙皇萨尔坦讲述了他们在海上的奇遇，沙皇听后很想去那岛国探访，可是织工和厨娘却想方设法阻拦。她们编造了枞树中松鼠啃金榛子的幻景来贬低格维顿的城堡，沙皇因此未能成行。格维顿这次又只好求助于天鹅，于是，王子姨妈们编造的奇迹果真出现了。商人们又来到沙皇身边禀告了他们所见到的那个奇迹，沙皇再次提出要去访问那座奇怪的岛屿。不料，织工又编造出"三十三个穿火光甲胄的俊勇士"的神话来贬低商人们讲述的奇迹。父皇没有来，格维顿又把他的烦恼告诉了天鹅，希望能得到它的帮助。天鹅安慰王子说，那些勇士都是她的亲兄弟，他们会到这里来的。果然，没过多久，王子在高高的塔上远远地看到了这样的奇迹。王子高兴地迎接了他们。奇迹又被远航的商人们看见，他们向沙皇禀告后，沙皇又一次打算前往格维顿的城堡探访。织工和厨娘又阻拦了沙皇。格维顿没能盼来父皇，心情非常忧郁。随着年龄的增长，另一种苦恼又袭上心头。一天，他在蓝色的海边徘徊，又看到了他救过的那只天鹅，天鹅问格维顿为何悲伤。他回答，别人都结婚了，而他仍旧孤身一人，他要走遍天涯海角去寻找世上那最美丽的公主。天鹅被他的真情打动，从海浪中飞到岸边，摇身一变，一个美丽的公主就站在了格维顿的面前。

这正是格维顿要找的公主，他们幸福地结合了。天鹅变成美丽公主的奇迹又正好被过往的商人们看见，他们把这一切连同格维顿的问候又转达给了沙皇萨尔坦。这一次沙皇再也按捺不住了，终于亲自率领船队前去访问那奇迹频出的美丽岛国。在那里沙皇目睹了啃金榛子的小松鼠、三十三个勇士、美丽的天鹅公主，也出乎预料地找回了自己的皇后和王子。随同沙皇而来的厨娘和织工见势不妙也急忙悔过，沙皇因喜从天降而宽大地处理了她们。

普希金通过格维顿的奇遇艺术地表现了俄罗斯人民勇敢、智慧、忍耐、宽容等良好的品格。童话的主人公一生下来就遭到厄运的打击，但他没有向命运低头，对生活抱有信心，对未来充满希望。在荒无人烟的岛上，格维顿为了生存下去，进行了不懈的努力。他用橡树枝和丝绳做弯弓，以芦苇秆做利剑，深入幽谷去寻觅食物。在他的身上正体现着"鲁滨孙的精神"，频频出现的奇迹正是对他这种真诚与勇敢的回报。

童话中虽然也表现了王宫内的诡计和倾轧，但作者以轻松的笔触将他们化解成普通的家庭矛盾纠葛，描写的重点在于具有喜庆色彩的四个奇迹上，突出了节日般的欢乐气氛。当金色城堡出现在王子面前时，洪钟齐鸣，歌声如潮；跳跃于枞树上的小松鼠也唱着欢快的歌曲；天鹅变成美丽的公主，她的周围星月闪亮，就像节日的夜晚，灯火辉煌，整个童话充溢着一种喜悦欢畅的情调。

与《鲁斯兰与柳德米拉》不同，这篇童话诗反映了普通民众的生活理想，作者借王子的经历表达人民祈求太平盛世、爱情美满、家庭和睦、子孙满堂这些最基本的愿望。格维顿不是古代勇士鲁斯兰，他没有建立什么奇功，他虽为王子，但实际上是普通人的化身。他集中体现了劳动者勇敢、勤劳、善良、俭朴等优秀品质。这些是普希金赞赏的生活境界。文学人民性的原则在《沙皇萨尔坦的故事》中得到了完美的体现。作家果戈理说过："反映民族的生活，不在于写它的外表，而重在揭示它的精神实质。"普希金的这篇童话诗表面上写宫廷生活，但透过那些华美的场面却分明折射出劳动大众精神的光芒。

用神奇的内容表现俄罗斯人民的生活是普希金童话创作的一贯宗旨，《死公主和七勇士的故事》在这个创作方向上更进了一步。这篇童话诗的基础是格林的《白雪公主》。普希金在继承的同时又加以创新，使这一故事更加充实动人。

故事说的是一个善良美丽的公主的遭遇，在一个古老的王国里，皇后生下了一个公主后因喜悦过度而去世。新皇后进宫后根本不尽做继母的职责，她只关心自己的美貌。她有一面会说话的小镜子，从与镜子的对话中，新皇后得知她是世上最美的女人，心中非常得意。公主渐渐长大，出落成一个美丽的姑娘。王子叶里赛依爱上了她并决定娶她做新娘。就在公主出嫁之前，小镜子告诉新皇后，公主才是世上最美丽、最可爱的人，新皇后听罢暴跳如雷，下令让仆人将公主扔进森林中让狼吃掉，好心的仆人放走了公主。王子得到公主失踪的消息后，立即起程去找寻他的未婚妻。公主在林中整整走了一夜，天亮时分，她意外地发现了一座高顶木屋。公主大胆走进去，替主人收拾房间，点燃了炉子，然后就在木床上睡着了。木屋的主人是七个善良的勇士，当他们惊奇地发现了这位公主后，就盛情地款待了她，从此，公主就成了这儿的主人，与七勇士们和睦地相处。天长日久，勇士们都深深地爱上了她。一天，最年长的勇士代表兄弟们向公主表白了爱心，公主如实回答了他们。七勇士非常理解公主的心，此后，他们仍像对待亲妹妹一样对待这位公主，和睦地一起生活。

新皇后从镜子那里得知公主并没有死，而且在森林中过得很好，于是，她就扮成一个穷苦的老妪，带着有毒的金苹果来到森林中的木屋。善良的公主拿出了面包请老妪吃，这个凶狠的老妪阴险地递给公主一个毒苹果，假惺惺地感谢她，公主误食金苹果后，不幸中毒死去。七勇士因失去可爱的小妹妹而悲痛万分。他们把她的遗体装进水晶棺精心地安放在大山里面，公主除了不再呼吸外，仍像生前那样美丽。

王子怀着一颗焦急的心在各地找寻，后来在太阳、月亮和风的帮助下，他终于找到了公主的墓地，真挚的恋情复活了公主，在他们胜利返回王宫后，凶狠的新皇后气得一命呜呼。

普希金把公主完全当成一个俄罗斯劳动妇女来塑造，

涅瓦河及瓦西里岛风景（1820 年）

俄罗斯文化之魂——普希金

她心地善良、勤劳朴实，他将她放在木屋女主人的地位从而充分展现了她作为劳动妇女化身的所有优良品质。一般的童话对人物的描写都比较粗略，重在通过故事情节本身来表现主题，昭示寓意。而普希金注重在童话中刻画人物性格。公主温柔、谦逊、能干、忠贞等特点是通过具体的细节表现出来的。童话中其他人物的性格也很鲜明，七勇士的厚道热情、王子叶里赛依的勇敢执着、新皇后的暴戾凶狠都给读者留下了深刻的印象。

普希金这篇童话诗的另一个显著特点是浓厚的浪漫主义色彩。首先，在情节的设计上与格林的《白雪公主》不同，除了真善美与假恶丑的斗争外，爱情是童话的重要主题。格林的童话中，王子出现在故事的后半部。而在《死公主和七勇士的故事》中王子与公主是一对忠贞不渝的恋人。普希金以七个勇士取代了格林童话里的七个小矮人，并增加了他们向公主求爱的情节。真挚的恋情和真诚的友情使童话更充满了温馨的情调。王子寻找公主的经历更是情真意浓。作者以极为精练的笔墨勾画出一个浪漫的境界，世人不解王子的真情，而唯有大自然才是他的知心。叶里赛依见人就询问公主的下落，可人们不是嘲笑就是回避。最后，是太阳、月亮和风帮助他找到了公主。《死公主和七勇士的故事》集叙事与抒情于一体，从而成为普希金童话诗中最具魅力的作品之一。

　　普希金的童话诗有的以情取胜，而有的则以幽默见长。他在1830年写成的《神父和他的长工巴尔达的故事》就是一篇充满幽默的童话诗，它颂扬了劳动者的机智，讽刺了统治者的贪婪。长工巴尔达在集市上遇到了一个贪财而吝啬的神父，神父想要找一个多干活少拿工钱的长工。他要求长工又当厨师，又当马夫，还当木匠。巴尔达识破了他的心计，就设计惩罚贪得无厌的神父，说是干完活后不要工钱，只需在神父的脑门儿上弹三下即可，神父觉得划算，就答应了。神父没料到巴尔达如此能干勤快，他看着长工忙这忙那，不禁喜上眉梢；可是弹脑门儿的日子一天天逼近，他又急又恼，吃不香，睡不着。见丈夫整天心事重重，他的妻子出了一个"高招"：派巴尔达跟魔鬼讨年贡去，讨不来，就算他一年白干。巴尔达二话没说就到海边去找海底的魔鬼讨债了。在那里他同魔鬼斗智斗勇，显示了他神奇的本领，起初小魔鬼想赖账，尔后又建议以竞跑的胜负来决定是否还年贡。小魔鬼提议沿大海赛跑，巴尔达提议让他的兄弟兔子替他比赛。巴尔达在森林里抓了两只兔子放进口袋里，到海边后放出一只与小魔鬼齐跑，那小兔子溜进了森林，可小魔鬼仍在没命地瞎跑，等它回到岸边一看，巴尔达正抱着另一只小兔子在嘲笑它呢。第一个回合就这样轻松取胜。后来巴尔达又通过其他比赛，终于迫使魔鬼交出了年贡。这下神父再也无计可施，提心吊胆地等着长工弹脑门儿了。最后，又机智又能干的巴尔达警告神父，以后别再贪便宜了。

这篇作品在幽默诙谐的背后反映了深刻的现实。巴尔达一个人干那样繁重的活，从一个侧面透露了农民的生活艰辛，他们负担沉重，而常常劳而无获，被统治者盘剥。普希金十分同情劳动人民，想通过文艺作品为他们鸣不平。童话曲折地反映了人民同压迫者的斗争。他心地善良、疾恶如仇、有勇有谋，是一个很有光彩的劳动者形象。

普希金热爱大海，纵观他的童话诗，其中有许多情节都同大海结下了不解之缘。鲁斯兰公爵在海的上空与魔王搏杀，格维顿王子在海上漂泊，长工巴尔达也在海边与魔鬼斗智。1833 年写成的《渔夫和金鱼的故事》则完全以大海为背景，甚至把它作为童话的一个重要角色。据专家考据，这篇童话诗的原型素材也是从格林兄弟的童话集中的一个故事《渔夫和他的妻子》同时也从民间故事《神树》里借鉴综合而来的。在湛蓝的大海边住着一户贫穷的渔人，老渔夫勤劳而善良，不管吹风下雨，他都出海打鱼，以微薄的收入养家糊口，他的老伴却是一个凶悍贪婪的妇人，不爱劳动，还经常欺负老渔夫。一天，老渔夫照例出海打鱼，意外地捕获了一条金光灿灿的小鱼，不等老人将它装进鱼篓，它竟张口像人一样说起话来，它求老渔夫放它回海，日后一定会重重地报答他。善良的老人照它的话办了，还为它祝福。老渔夫回家后兴冲冲地对老伴说他当天遇到的奇怪的事情。不料，老渔婆竟破口大骂丈夫是个大傻瓜，并催他返回海边去索要一只木盆。老渔夫只好回到海边。他轻声地呼唤小金鱼，不一会儿金鱼就出现了，它得知老渔夫的来意后，就安慰他说："别难过，上帝会给你一只新木盆的。"老渔夫回到家中一看，老渔婆果然如愿以偿。他想，老伴得到这只又大又结实的新木盆后定会心满意足了吧。谁知老渔婆却骂得更凶恶了，她责备丈夫为何不向金鱼索要木房子。没办法，老渔夫又回到了海边。此时，大海已微微翻动起来。他唤出金鱼，说明来意，金鱼又毫不犹豫地应了他的要求。等他回家一看，他的破渔棚已经变成了窗明几净、宽敞漂亮的新木屋。但是，老渔婆还是不

俄罗斯文化之魂——普希金

满意。她又连骂带催地让丈夫讨要更多的东西，她要当贵妇人。老渔夫再次来到大海边，只见浩瀚的大海已经骚动起来。这一次，金鱼又满足了老渔夫的请求，他的老伴真成了贵妇人，浑身上下珠光宝气，而且还鞭打伺候的奴仆。半月后，贪财的老渔婆又不舒心了，她不再满足于做贵妇人，而想当至高无上的女皇。老渔夫听了她的狂言，又惊又气，骂她疯狂，老渔婆竟狠狠打了丈夫一记耳光。金鱼同情老渔夫，又满足了老渔婆的欲望。可是，欲壑难填的老渔婆又提出当海上霸王的无理要求，并妄想让金鱼来伺候她。这一次，老渔夫心情沉重地来到海边，海水也已混浊变黑。他看见大海掀起了怒潮，海上刮起了风暴。当金鱼了解到老渔婆的野心后，它沉默了，接着把尾巴摆一摆，便游进了海底深处，再也没有出来。

结果，老渔婆又变成了原来的模样，住的依旧是那间破渔棚，用的依旧是那个破木盆。

《渔夫和金鱼的故事》是一篇寓意深刻且批判意识很浓的童话诗。从表层意义上说，它告诫人们要与人为善，不要贪得无厌，否则会适得其反。从深层方面讲，它虽是童话，有神话的外在形式，却又有现实的基础。在沙皇俄国，统治阶级对农奴的剥削和压榨愈来愈狠，沙皇政权就是一个掠夺机器，农民被逼得走投无路，被迫起义。俄国历史上众多的农民起义为普希金的作品提供了真实的依据。金鱼和渔夫是劳动者的象征，世上的一切都是他们创造的。人民有无比伟大的创造力，从普通的木盆到豪华的宫殿，没有一样不是出自他们灵巧的双手，但他们不会永远逆来顺受，当暴君霸占他们赖以生存的家园时，他们就要起来反抗剥夺者。童话诗中普希金用大海的变化暗喻了人民的反抗。起初，大海波澜微起，然后骚动起来，最后发展成汹涌的怒涛。与金鱼相对的形象是老渔婆，她贪得无厌、狂妄自大、凶狠残忍，作者通过这个形象暗喻了沙皇的残暴，鞭挞了统治者的丑恶与贪婪。

从普希金童话诗中不难看出，普希金对孩子们的启迪是较为全面的。他教育儿童要勤劳、勇敢、与人为善、忠诚宽厚、礼貌谦逊；教会他们识别什么是贪婪、阴险、忌妒，从浅显生动的故事中儿童可以初识社会和自然。他的童话内容丰富、情趣盎然、音乐感强、易于诵读，是培养少年儿童的珍贵的精神食粮。

诗人史学家

彼得大帝纪念像及参政院大楼（1830 年）

俄罗斯文化之魂——普希金

普希金的多才多艺还表现在他对历史题材的驾驭中。普希金虽然主要是一个诗歌创作者，但他对俄罗斯历史的研究和考证不亚于当时任何一位历史学家。更难能可贵的是他充分肯定了人民在推动历史发展中的巨大作用，同情人民大众的命运，公正客观地评价农民起义的领袖和统治者。正因为如此，他创作的史诗《波尔塔瓦》《青铜骑士》和历史悲剧《鲍里斯·戈东诺夫》以及历史小说《上尉的女儿》才成为俄罗斯历史题材文学作品的范本。

俄罗斯是一个有近 1200 年历史的古老国家。它大约在公元 9 世纪中叶开始形成，它的发展历程缓慢而艰难，经历了内外复杂的矛盾与斗争。普希金在外交部历史档案处工作时，对俄罗斯的发展史产生了浓厚的兴趣，创作了一系列以俄罗斯历史为背景的文艺作品，其中最著名的有历史剧《鲍里斯·戈东诺夫》、长篇史诗《波尔塔瓦》和反映圣彼得堡 1824 年大水灾的《青铜骑士》。

普希金的创作兴致是十分广泛的。还在皇村学校时英国莎士比亚的戏剧和俄国古典戏剧大师冯维辛的作品就给他留下了难忘的印象，引发了他创作戏剧的冲动。俄国戏剧发展停滞不前的状况也是促使他涉足戏剧创作的另一个因素，他决心向莎士比亚学习写一部真正表现俄国命运和意志的历史悲剧。1824 年他被软禁在米哈伊洛夫斯科耶，他唯一的自由就是散步和读书。这期间俄国著名史学家卡拉姆津的《俄罗斯国家史》使他常读不倦。书中关于"混乱日期"的枭雄鲍里斯·戈东诺夫的沉浮史引起了他的创作欲望。维雅捷姆斯基当时询问普希金有什么写作计划，他在给维雅捷姆斯基的信中说："把第十卷的结尾和整个第十一卷都拿去，这就是给你的计划。"于是，普希金确实在《俄罗斯国家史》第十至十一卷以及尼康编年史记载的史实的基础上写出了历史诗剧《鲍里斯·戈东诺夫》。

这部作品写的是留里克王朝结束后俄罗斯一段波澜起伏的历史故事。1598 年俄罗斯皇帝费德尔死去，由于他没有儿子，死前也没有指定皇位继承人，于是，一场争夺沙皇宝座的倾轧之争在克里姆林宫内外展开。大臣中有一个人最具有问鼎的实力，他就是沙皇遗孀玛林娜的哥哥鲍里斯·戈东诺夫。这是一个阴险狡诈的人。他笼络大地主，收买人心；扶植教会，扩大势力。他表面上假意推辞当皇帝，但暗中打击异己力量，终于在他们操纵的缙绅会议的"推举"下，登上了沙皇的宝座。然而皇权的争夺并没有停止，以沃罗廷斯基为代表的大贵族们继续跟戈东诺夫对抗，而戈东诺夫在皇位上也惶惶不可终日。原来，他为了抢夺皇位曾派人秘密杀害了继承皇位的前沙皇的弟弟德米特里。这件不可告人的事使他寝食不安，无论是处理朝政，还是平常的宫中生活，都不能让他快活。他经常感到天上有巨雷轰鸣，无法拂去内心的恐慌。他当政六年，灾难始终笼罩着俄罗斯，饥民遍野，天灾连绵，百姓怨声载道。老百姓把这些灾祸全都归咎于戈东诺夫。此时，篡位者的家中也发生灾祸。戈东诺夫夫人本想给女儿成亲，不料死神像风暴一样卷走了新郎。社会上不断流传着新沙皇的传言：戈东诺夫谋杀了前沙皇费德尔，戈东诺夫毒死了他的亲妹妹。流传得更多的是，戈东诺夫杀害了幼小的皇子德米特里。于是，一个浑身是血的小男孩总在戈东诺夫的脑子里浮现。他想逃走，却无处可逃。他这才感到，灵魂不干净的人实在可怜。

就在戈东诺夫在惶恐中度日如年的时候，楚道夫修道院的一个年轻的隐士格里高利从老僧那里得知，他与被杀害的皇子德米特里同岁，于是便产生了一个大胆而狂妄的念头：何不利用人民不信任篡位者的局面，假冒皇子之名而自立为沙皇呢？格里高利乘着黎明前的黑暗，溜出了修道院，躲过了追击者，偷越国境，逃进了波兰王宫。他谎称自己就是皇子德米特里，说他当年设法躲过了戈东诺夫的刽子手的屠杀，幸存下来。他恳求波兰君主派军帮助他回国，夺取皇位。波兰一位将军之女玛琳娜怀着个人目的答应助他一臂之力。在波兰军队的支持下，假皇子联合立陶宛人、瑞典人开始与戈东诺夫的军队交锋。1604年假皇子率大军越过俄国与立陶宛边境向京城扑来。戈东诺夫一边抵抗，另一边加紧镇压周围的反抗者。最初格里高利吃了败仗，但他信心不减，因为他深信老百姓最终会支持他。百姓们吃够了戈东诺夫的苦头，热切盼望王子回国推翻篡位者。受压制的大贵族们明知格里高利是个假王子，却也希望借他的力量推翻戈东诺夫。这样，假皇子得到了胜利的基本保证。他知道他匹敌制胜的法宝不是军队，不是波兰的援助，而是人民的意愿。于是他派遣劝降者潜入敌军，晓以利害，终于迫使戈东诺夫的将军们临阵倒戈，戈东诺夫在恐吓和绝望中死去，他的政权也随之覆灭。一个皇帝倒台了，另一个野心家又登基了，贵族们依旧在人们的头上作威作福。诗剧的结尾意味深长：贵族莫萨尔斯基让百姓高呼新沙皇万岁时，人民却报以沉默，以示抗议。

　　普希金通过戈东诺夫的沉浮史艺术地表达了一个深刻的思想：人民是历史的创造者，人心所向决定历史的走向，人民大众的意志不可违背。戈东诺夫用欺诈的手段篡夺皇位，但他只能得道于一时，人民反抗是必然的，失去民心的统治是不能长久的。假皇子得势后仍旧依靠大贵族和大地主，人民的地位没有改变，统治者给予他们的依然是发配、死刑、凌辱、苛捐杂税、苦难、挨饿的命运。因此，

普希金参加斯米尔书店的文学午餐，画家勃留洛夫创作于1833年

人民的沉默暗示着新沙皇的统治也不会长久。普希金创作这部诗剧时正值十二月革命前夜，也是沙皇亚历山大一世的最残酷的统治时期。普希金的写作心理很明显，他要告诫沙皇，不要同人民作对，不要违背人民的意愿。沙皇尼古拉一世对普希金的这部作品将产生的影响极为担忧，他希望作者能够按照他的意思修改剧本，把它写成"类似瓦尔特·司各特的小说"，其实就是企图禁止这部作品问世。但普希金坚持了自己的创作意图。

　　《鲍里斯·戈东诺夫》是一部深刻的悲剧。普希金对悲剧有这样的认识：悲剧要表现个人命运与人民命运的密切联系。他认为，悲剧作家应具有史学家善于总结历史经验教训的能力、敏锐的洞察力和艺术家丰富的想象力。人民应成为悲剧的主人公。因此，普希金十分推崇莎士比亚的表现大众的剧作。在《鲍里斯·戈东诺夫》剧中，悲剧的主体不是戈东诺夫，尽管他总是以灵魂受难者的面目出现。悲剧的主体是那些受压迫的广大民众。他们在格里高利的夺位斗争中起了决定作用，但不是真心帮助他，而是通过他达到反抗暴政的目的。悲剧的深刻性在于：虽然普希金写出了人民是决定历史走向的根本力量，但又反映出他们却无力改变自身的命运，他们的意愿、热情和牺牲都被统治者利用了。同时也昭示了一个真理：专制制度不推翻，而仅靠更换皇帝，人民的悲剧命运是不会有所改观的。民众的角色在剧中虽是无名氏，一般用疯僧、乞丐、老妇等众百姓代替，但他们的作用是重要和显著的。作品中浸透着作者对人民的同情，也饱含着对祖国的爱。普希金在作品中抒发了他对自己祖国俄罗斯的爱，他渴望呼吸故乡清新的空气。被流放异乡的普希金时刻想到的依然是他的人民和他的祖国，崇高的思想使《鲍里斯·戈东诺夫》成为一部真正具有人民性的历史悲剧。

《鲍里斯·戈东诺夫》中的主要人物都是历史上有案可稽的。当然，作为文学创作，剧中的某些次要配角是作者虚构的，如库尔勃斯基的儿子、阿法纳希和索班斯基等。但剧中的生活、民俗、语言都有很强的历史感。普希金对历史生活场景的展示严格遵循历史主义的创作原则。为了表现历史真实，他还努力地阅读编年史，在戏剧中还原历史语境。法国作家梅里美曾经称赞普希金创作了一部英国莎士比亚式的历史剧。这形象地说明了普希金历史剧真实性所达到的高度。苏联文豪高尔基盛赞《鲍里斯·戈东诺夫》是俄罗斯戏剧史上最好的历史剧。确实，广而言之，在俄罗斯文学史上，无论是在主题思想、人物塑造，还是在语言特色方面，可以说还没有超过《鲍里斯·戈东诺夫》的历史剧。

俄罗斯是一个后起的资本主义国家，它是从野蛮的封建农奴制走向近代欧洲文明社会的。这个漫长的发展过程既闪耀着历史进步的辉煌，又充满着农奴与平民的血泪。可以说，俄罗斯的近代史是一部发展与痛苦相交织的凝重的历史。

　　普希金曾一度在国家历史档案馆主编彼得大帝时代的编年史。彼得大帝的历史功绩与民众付出的代价给普希金留下了难以磨灭的印记。当普希金读过那段艰辛的历史后再回首去看他早已熟悉和眷恋的京城时，他不再像以往那样，仅仅感到帝国都城的宏伟与壮观，而开始感到那辉煌背后的沉重。普希金从小就崇拜引导俄国强盛起来的彼得大帝。他清楚地记得这位雄才大略的君王的名言："我们要打开瞭望欧洲的窗户。"过去，普希金只知道彼得大帝的英名与功业，而今研究了圣彼得堡的发展史后，才知道这位帝王仍具有专断与冷酷的本性，当普希金再次注视那矗立在涅瓦河岸边的彼得大帝的青铜雕像时，一种敬畏之情油然而生。历史的变迁像戏剧一样一幕幕地闪过他的脑海，而涅瓦河的浪涛声又把他拉回到现实之中。他又想起1824年水漫圣彼得堡的恐怖情景，就想以一部文学作品将这段历史记录下来。这座城市的悲欢不就是俄罗斯近代生活的缩影吗？于是，一个神秘而凄凉的传说就在谙熟历史的普希金笔下出现，这就是他的力作——叙事长诗《青铜骑士》。

这个故事从圣彼得堡城市的兴建讲起。波尔塔瓦战役的硝烟刚刚散尽，庆功礼炮的轰鸣尚余音未消，雄心勃勃的彼得大帝站在涅瓦河的入海口制定了又一项历史决策，在芬兰湾西岸建造一座新的都城。

彼得大帝一心要把俄罗斯变成一个欧洲大国，要在北方建立一座新的帝国都城。在他的构想中，它将成为世界文明社会，特别是欧洲社会的一员，为此，彼得大帝采取了断然措施，向落后的观念宣战，变内陆意识为海洋意识。这就是彼得大帝要在涅瓦河的入海口新建都城的战略目的。

然而，新都的建设十分艰难，其中有社会传统意识的阻碍，有恶劣环境的制约。在旧都莫斯科贪图享乐的大贵族们反对迁移，彼得大帝就下诏强制搬迁。新城的所在地本是一个荒芜的渔村，这里地势低洼，土质松软。每当秋季，涅瓦河的浪潮常把沿岸的房屋冲毁；一到寒冬，渔舟又无法在冰冻的河道上航行；好不容易盼来春天，又会冲垮路基；夏日里，杂草丛生，蚊蝇遍地，令人生厌。在这样的险恶条件下施工，农奴们苦不堪言。彼得大帝下令，俄罗斯每一个人都要向圣彼得堡的工程捐献一块石头。成千上万的农奴用他们的血汗和生命终于筑起俄罗斯北方的花园城市。圣彼得堡的第一座建筑就是今天依然是该市标志的彼得保罗要塞。它位于涅瓦河的兔子岛上，建有炮台、城堡和教堂。在喀琅施塔得要塞建成以前，它一直是守护圣彼得堡的第一道战略屏障。后来，在涅瓦河的南岸又修建海军部大厦。要塞的大厦的两座高耸入云的金色尖塔成为圣彼得堡的重要坐标。

　　这个优美的俄罗斯新都成了沙皇和贵族的乐园。贫穷的市民却与它的繁华和舒适无缘。在这座城市的一个角落里住着一个小公务员，名叫叶甫根尼。他的生活既清苦，又孤单。为了生存下去，他不得不拼命干活，从早忙到晚。微薄的俸禄使他不可能有更多的生活奢望。他虽然已有未婚妻，但成家也非易事。他只能盼望几年后，混得一官半职再娶妻生子，安度此生。可是他哪里知道，肆虐的涅瓦河就要冲垮他微不足道的梦想。在一个深秋的夜晚，狂风大作，暴雨倾盆而下，涅瓦河就像变了脸的凶神，朝着圣彼得堡猛扑过来，顷刻间，所有的大街小巷都成了水的世界。冬宫广场恰似一片汪洋，茅屋被水冲没，商店荡然无存，家具的残片浮在水上。叶甫根尼从梦中惊醒，他逃上大街，爬上一座石狮子。雨水浇透了他的衣衫，狂风掀掉了他的破帽。他对这些毫无感觉，只是绝望地注视着涅瓦河的那一边，在那儿有他最后的希望和梦想。

　　　　　　　　　俄罗斯文化之魂——普希金

他终于等到风雨停息。洪水劫后的圣彼得堡满目疮痍。被巨浪冲坏的家什四处散落，许多难民无家可归。叶甫根尼首先想到的不是自己的家，而是去找他的未婚妻。他租了一条船，渡过河来到那个小岛上。然而，巴拉莎的家已被洪水卷得无影无踪。面对这幅惨景，叶甫根尼惊呆了。

从那以后，在圣彼得堡的大街上，人们经常可见一个年轻的疯子。他到处流浪，乞讨残羹，粗暴的车夫有时用鞭子抽他，淘气的流浪儿也敢欺侮他。

一天，叶甫根尼疯疯癫癫地来到彼得的青铜塑像前。他猛然意识到，他的一切苦难正是这个骑士带来的。然而，小公务员的抗议是那么的无力，他忽然感到青铜骑士策马扬鞭正朝他追来，他吓得没命地逃跑，可那令人心悸的马蹄声却始终在他身边震响。历经恐慌和疾病，叶甫根尼凄然逝去。

这篇长诗分序诗和正文两个部分。序诗颂扬彼得和圣彼得堡城，正文讲述涅瓦河泛滥和小公务员的遭遇。序诗虽然不长，但它在长诗中的地位很重要。它是一首气势恢宏的颂诗。普希金怀着敬仰的心情，以最庄重的诗句肯定了彼得大帝对俄罗斯国家发展的巨大历史作用。序诗最突出的特点是它深刻的历史主义。主人公彼得大帝是一个真实的历史人物。普希金对圣彼得堡建城之初的环境描写、对新城风貌的具体描绘，无一不显示出历史的真实。彼得大帝的历史名言在序诗中具有画龙点睛的作用，它反映出了历史的原貌。

　　普希金用全部的爱心讴歌了圣彼得堡的壮美和秀丽。在普希金的笔下，城市建筑群的雄姿、涅瓦河畔的自然风光、帝俄新都的民俗都生动而逼真地跃然纸上，让读者目不暇接。在这里，读者仿佛看到了流光溢彩的楼塔，仿佛亲眼见到了涅瓦河上空的白夜奇观，又好像听到了彼得保罗要塞的隆隆炮声和俄罗斯少女的欢笑声。圣彼得堡被称为"北方威尼斯"，其实，这座历史名城最早的蓝本是荷兰的首都阿姆斯特丹。彼得大帝曾经亲自按照阿姆斯特丹的街道样式来设计未来的俄罗斯新都。现在圣彼得堡的瓦西里岛上的许多街名还保留着彼得大帝设计的遗迹，诸如"第1线""第26线"等等。这些线原本准备像阿姆斯特丹那样开辟成运河。后来这些设计中的运河主要修在涅瓦河的南岸了。在大小涅瓦河和莫伊卡河及叶卡捷琳娜运河上架设了460座造型各异的大大小小的桥梁。此后，来自意大利、荷兰等国的建筑师，这些彼得大帝的贵客们倾情营造了一座吸纳西欧诸国建筑风格的北欧花园城堡。彼得大帝实际上才是圣彼得堡的总设计师。难怪普希金要称这座新都为"彼得的杰作"。序诗的基调是昂扬的,它充满着希望的热情,洋溢着对祖国未来的憧憬。

　　普希金通过赞颂圣彼得堡来肯定彼得大帝的历史功勋只是长诗《青铜骑士》的一个题旨,而它更重要的意义是对历史与小人物命运相互关系的冷峻思考。毋庸置疑,彼得大帝是俄国统治者的最大代表。他的成功是牺牲人民的利益换得的。俄国对西方文明的引进并未改变它本身体制的野蛮和专制的本质。彼得大帝只考虑他自己的一世霸业,而不顾百姓的死活。由于一反建筑科学的规律,在水患频繁肆虐的涅瓦河畔修筑城市,牺牲了成千上万个叶甫根尼的生命。普希金真实地描绘出圣彼得堡水灾中城市贫民的悲惨境遇,无情地批判了专制制度,揭露了农奴制与劳动者之间不可调和的矛盾。他成功地塑造了具有双重性格的彼得大帝的形象。这个君王既有宏才大略,却也冷面无情。普希金在历数他的珍贵遗产的同时,丝毫也不掩饰他手中高悬的皮鞭。这正是普希金艺术思想的历史客观性。《青铜骑士》是第一部具有深刻历史主义的长诗。

　　人道主义是长诗《青铜骑士》的又一个思想特征。在创作这部作品以前,普希金笔下的主人公要么是贵族人物,要么是传奇人物,要么是神话人物,而这首长诗中的主人公却是一个下层的小人物。普希金第一次把普通的小人物推到了文学的前台。作者肯定了普通人追求幸福的合理性，为他们争取生存的权利，并以同情的笔调勾勒出叶甫根尼那可怜的梦幻。普希金虽然是贵族出身，但他始终关注着下层人物的生活命运，人民的喜怒哀乐常常牵动着他那颗善良的心。在《青铜骑士》里他为平民的不幸而哀伤。

这篇长诗在艺术上也独具风格。普希金将纪实手法与浪漫主义有机结合，赋予作品亦真亦幻的色彩。普希金为了创作这篇长诗，曾细致地研读了地理学家、史学家和水文学家别尔赫所写的圣彼得堡水文资料。长诗的前言写道："这部中篇小说中所描绘的事件是以真实的事实为基础的。洪水的详细情况引自当时的各种杂志，有兴趣者可以查阅别尔赫所编撰的通报。"在普希金创作《青铜骑士》之前，有的作家也描述过圣彼得堡的水灾。但是普希金不仅写得更加详尽，而且极富历史感。普希金用铺陈的手法着力渲染了洪水泛滥的恐怖景象，具有纪实风格，这种写法增强了作品的可信度。普希金在描绘洪水袭城的景象时，所用的比喻既形象贴切又丰富多样。

为了表现叶甫根尼内心的痛苦、失落和恐惧，普希金极为巧妙地由现实主义的写实转向了浪漫主义的虚构。彼得大帝由一个历史人物变幻成了专制体制的象征，他以骑士的面目出现，威风凛凛，盛气逼人。本已精神失常的小公务员在骑士的面前又突然清醒起来，意识到他悲剧命运的缘由。在这看似荒诞的情景中蕴藏着对现实冷峻的批判意识。普希金选择彼得大帝塑像作为描写的对象，长诗的这种情节设计具有深刻的隐喻象征意义，因为在塑像所在的参政院广场上曾经发生过十二月党人起义。青铜骑士即彼得大帝所代表的沙皇势力与叶甫根尼的"冲突"，暗喻了势单力孤的十二月党人与仍很强大的沙皇专制力量悬殊的较量。

　　而普希金去世前创作的《上尉的女儿》则在恋爱小说外在形式的掩护下正面刻画了普加乔夫这位 18 世纪的著名农民起义领袖和那段波澜壮阔的起义历史。贵族军官格利涅夫在前往要塞任职的途中偶遇普加乔夫。当时天气奇寒，而普加乔夫衣着单薄，格利涅夫就将自己的兔皮大衣送给了他。格利涅夫当时并不知道这位衣衫褴褛的农民是谁。到达要塞以后的几个月中，格利涅夫爱上了要塞司令的女儿玛丽娅。正当他们的婚事遭受波折时，农民起义爆发了。普加乔夫的部队攻占了要塞，玛丽娅的父母都被起义军处死。只因为格利涅夫的赠衣之情，普加乔夫才放走了格利涅夫和玛丽娅。起义失败后，格利涅夫也受到牵连，被认为是叛徒。军事法庭本要将他流放西伯利亚，后经玛丽娅向女皇求情，才免除了他服徭役的判决。经历磨难之后，格利涅夫和玛丽娅终成眷属。小说情节并不复杂，篇幅也不长，但容量极大，融史诗、传奇和家庭小说的特点于一体。作品无论是历史场面的描写，还是人物内心的刻画都充分表现了普希金作为语言大师的高超技艺。

普希金从小对俄罗斯的历史充满浓厚的兴趣，在他生命之旅的最后阶段，他经过实地考察和研究初步完成了两部主要的历史著作《彼得大帝史》和《普加乔夫史》。他走访了普加乔夫当年征战的伏尔加河沿岸地区。在奥伦堡，普希金亲自采访了当年跟随普加乔夫的一位 70 多岁的老妇人布恩托娃，听她讲述普加乔夫的故事，还送给她一块金子以示谢意。回到圣彼得堡，普希金以亲自采集的第一手史料撰写了《普加乔夫史》。

彼得大帝始终是普希金学术关注的中心，他生前撰写了《彼得大帝史》的初稿。这是普希金最重要的历史著作之一。普希金虽然不是专业的历史学家，可以像卡拉姆津一样写出《俄罗斯国家史》那样的皇皇巨著，但是他仍是一位具有深邃历史意识和独特政治见解的诗人史学家。普希金一生都对雄才大略且个性复杂的彼得大帝颇感兴趣。他曾经在沙俄外交部档案处就职，有机会较为系统地研究彼得大帝及其时代的丰富史料。他在阅读这些资料的同时，还撰写了 22 本研读笔记。在深入探究了 17 世纪末 18 世纪

圣彼得堡大剧院（1820年）

初俄罗斯的辛酸血泪史后，普希金再次感到了彼得大帝业绩背后的不能承受之重。作为具有民主意识的诗人史学家，普希金决定向读者再现一个不加任何粉饰的历史个性，还原一个真实的封建帝王。彼得大帝与他的前人相比，还算是一个有功业心的君主，而且是一个锐意进取、博采众长的"改革家"。在他打败了摄政王，也就是他的姐姐索菲雅，亲政之后做的第一件大事，便是率领一个庞大的"贵族旅行团"去考察西欧发达国家，学习这些国家的先进科技文化，特别是荷兰的造船工业，目的是改造落后的以农业立国的俄罗斯。普希金以赞许的态度记述了彼得大帝的历史功劳。彼得大帝竟然以平民的身份深入造船厂、工厂、舰队和学院，回国后派大批的贵族青年去西欧留学，为俄国的工商业和科技文化发展培养人才，同时又邀请外国的造船师、雕塑师、农艺师和酿酒师来传授技艺。18世纪初，莫斯科和圣彼得堡到处都能见到外国人。由于彼得大帝的谦逊和热情，像德国数学家莱布尼茨这样的大科学家也来讲学。彼得大帝还下令大量译介西欧的文化典籍并亲自关心图书馆和博物馆的建设，正是这些改革措施推动了科学文化的大发展，为这个国度近代的崛起打下了坚实的基础。在彼得大帝改革后短短的100余年里，俄罗斯就奇迹般地涌现了包括罗蒙诺索夫、普希金、格林卡、勃留洛夫、门捷列夫和柴可夫斯基在内的众多文化英杰。有人说，彼得大帝设下了一个谜，而普希金正是要破解这个谜。普希金在写作这部人物传记时，主要参考了历史学家戈利科夫的有关著作和文献。精通数国外文的普希金还广泛地比较了不同国家有关彼得大帝的历史资料。因而，普希金的《彼得大帝史》的史料十分翔实。在行文方面，没有铺陈，叙述质朴简明。普希金的总体设想是写一部彼得大帝的编年史，所以，传记以事件叙述为宗旨，极少点评。传记中的评论虽然不多，惜墨如金，但都恰在关键之处。例如，对彼得大帝理性和个人品行尖锐矛盾的评价就是这样："令人惊奇的是彼得大帝的国家机构和他临时法令之间的差异。前者是充满善意智慧的博大理性的成果，而后者'经常是残酷且为所欲为的，仿佛是用皮鞭写就的'。前者是为了永恒，或者至少是为了未来，而后者却是一个急躁而专制的地主的表现。"在写到彼得大帝为其争霸目的而给他的将士修野战医院时，普希金立刻指出，彼得大帝并没有给普通平民修这样的医院。在记叙彼得大帝所谓主张青年男女婚姻自由时，作者断然揭露，此项法令根本不涉及广大的农民。如此尖锐的批判充分表达了思想进步的普希金对沙皇虚假"仁慈"的厌恶和对下层劳动大众的深情厚爱。这些点评思想犀利，含义深刻，实为画龙点睛之笔。它们的思想意义在于站在近代民主的立场上批判封建君主。难怪沙皇当局在1840年审查这部传记时，将这些点评统统删去了，而且禁止出版。直到十月革命后，《彼得大帝史》才与俄罗斯读者见面。普希金虽然敬佩和喜欢他的师友历史学家卡拉姆津，但是对后者封建主义的历史观却不赞同，卡拉姆津在《俄罗斯国家史》中将人民的历史归于沙皇，普希金对这种极其荒谬的历史观做了犀利的批判。他指出，人民的历史就是属于人民。普希金的历史观和他的文学观是一致的。鉴于普希金在历史研究领域的功绩，他被选为俄国科学院院士。普希金一生都谱写人民的历史、人民的诗篇。作为文学家的普希金和作为史学家的普希金在俄罗斯的文化史上相映生辉。

普希金与奥涅金和塔吉雅娜

巴里雅京斯卡娅公爵夫人家庭舞会（1830 年）

俄罗斯文化之魂——普希金

1830 年问世的普希金的长篇诗体小说《叶甫盖尼·奥涅金》名震文坛，它标志着俄罗斯文学已经彻底摆脱了跟在西欧文学后面蹒跚学步的状态，从思想内容到艺术形式都达到了世界一流水平。

　　像英国诗人莎士比亚塑造了罗密欧与朱丽叶，德国诗人歌德塑造了维特与夏洛蒂一样，普希金也向世界文学宝库奉献了自己的著名文学典型——奥涅金与塔吉雅娜。

　　普希金为了创作这部诗体小说花费了七年多的时光。可以说，这部作品是他呕心沥血之作，也是他艺术创作的最高峰。

　　1823 年，还在南俄流放的时期，普希金就已经开始动笔写作这部巨著。这是一种创新体裁的作品，有诗歌的韵律和节奏，又有长篇小说的故事规模和框架。作为一个诗人，普希金习惯用诗歌来创作长篇作品。1825 年,《叶甫盖尼·奥涅金》的第一章面世，而它的最后一章却是在 1831 年才写完，1833 年出了单行本，这是普希金付出心血最多的一部作品。普希金倾向现实主义的创作，关注当代社会生活，非常想把包括十二月起义的时代背景写进他心爱的作品，塑造包括雷列耶夫这样的当代进步人士的艺术形象，可是，沙皇的检查制度不容许他这样创作。他只能谨慎从事，反复删改。这部作品前前后后、断断续续地写出了十章，几经修改，最后与读者见面的只有前八章。但从结构和情节来看，这八章作为一部诗体小说也是完整的。从南方流放地到莫斯科，七年多的创作历程反映了普希金艺术探索道路的艰辛。

普希金写作诗体小说的那一时期（1823—1830）正值俄罗斯贵族革命由兴起转向低潮的历史阶段，也是沙皇亚历山大一世和尼古拉一世统治最黑暗、最反动的时期。1812 年以来的革命浪潮在社会中逐渐高涨，在 1825 年 12 月 14 日（俄历）终于爆发了反沙皇专制的十二月党人的武装起义。但是由于贵族革命党人的致命弱点——脱离广大民众和力量分散，起义很快被镇压下去。以十二月党人为代表的进步势力遭到严重削弱，社会又充满了压抑和窒息的气氛。一些曾经为革命运动所鼓舞的进步青年因此而意志消沉。他们由于自身的局限，找不到正确的出路，最终在忧郁、颓丧和庸庸碌碌中消磨掉自己宝贵的青春。这就是《叶甫盖尼·奥涅金》这部诗体小说产生的时代背景。普希金正是这一时代现象的见证人，也是这一历史氛围的感受者。他以小说主人公奥涅金朋友的身份叙述了这样一个悲剧性的故事。

青年贵族叶甫盖尼·奥涅金得知伯父病危的消息后，匆匆忙忙地乘上一辆马车从京城圣彼得堡奔向伯父的乡下庄园。当他风尘仆仆地赶到乡下时，老人已经命归黄泉。这里有普希金自身经历的影子，他曾去料理过叔父瓦西里的后事。于是，这位远道而来的侄子从此继承了伯父的全部遗产，成了庄园的新主人。身居乡间的奥涅金很喜欢独自一人欣赏周围的自然风光。美丽的景色使他愉悦，而邻近的地主乡绅却让他反感。每当这些人前来拜访时，他总是悄悄地溜之大吉，教他们难堪。更令地主老爷们坐卧不安的是，这个城里来的时髦青年居然还要进行什么农村改革。奥涅金打算制定出一套新的章法，用较轻的地租制取代沿袭久远的徭役制。贫苦的农奴们为此拍手称快，而地主们认为改革将危及他们的利益，暗中对奥涅金怒骂不休，他们一致认为奥涅金是个极其危险的怪人。

奥涅金有这样的举动并非心血来潮，而是同他所受的教育和时代发展状况有关。他的父亲曾身居高位，家境富裕，一年举办三次家庭舞会。奥涅金从小受到法兰西式的文化熏陶。他天资聪颖，读过一些历史、文学和经济学的名著，熟练地掌握拉丁文。在他年轻的心中曾经也荡漾过理想国的方舟。这个贵族公子的主要兴趣是近代资产阶级的经济学理论和政治学说。

奥涅金的农村改革由于旧势力的抵制而不了了之。久居落后偏僻的乡村，初来时的短暂兴奋像一阵轻风似的转瞬即逝。他又像在城里一样颇感寂寞。这时，邻村一位素有教养的年轻乡绅来到了奥涅金的庄园。小伙子名叫弗拉基米尔·连斯基。他曾经留学德国，具有德国哥廷根大学学者的派头，是德国古典哲学家、美学家康德的信徒。这位青年天性浪漫，富于激情，喜欢幻想，经常作诗并自得其乐。小说里这个人物的原型是普希金的朋友、诗人兼批评家德米特里·维涅威季诺夫。1827年春天，不幸早逝。他是一个理想主义者，无论在生活中还是在学术和创作上都竭力追求完美。他潜心研究德国文学，这个圣彼得堡的青年诗人对普希金也产生过影响。他曾经给普希金赠送了一首诗歌，希望普希金赞颂德国诗人歌德。在奥涅金寂寞无奈的书房里，连斯基的出现犹如阴郁天空中的一丝光亮。共同的文化素养使奥涅金似乎感到遇见了知音，只是由于性格上的差异，还无法推心置腹。

　　此后两人常在一块饮酒聊天。他们谈社会，说人生，论科学，诵诗篇。连斯基对生活充满热望。奥涅金虽然觉得对方过于天真烂漫，但也不忍心击碎年轻的梦想。当时，连斯基正在热恋之中，他的意中人是村里一位地主的小姐，名叫奥丽加·拉林娜。这是一个头脑简单而略有点轻浮的女孩。连斯基仅仅由于她的年轻美貌就沉醉于爱河。一次，连斯基约奥涅金到奥丽加的家中做客，奥涅金欣然前往。在那里，他结识了奥丽加的姐姐塔吉雅娜。与妹妹及村中其他少女不同，塔吉雅娜格外纯情，她喜欢宁静和谐的气氛，性格内向，惯于独处，奶妈和大自然是她忠实的伴侣。作者说，月亮和星星把她带入梦乡，朝霞和太阳又将她唤起。西欧浪漫小说既培养了她的文学兴趣，也赋予她青春的遐想。随着年龄的增长，渐渐地在她的芳心里形成了一个偶像。

　　奥涅金的出现，使她那颗苦苦等待的心灵为之一震，塔吉雅娜完全被奥涅金风流倜傥的气质迷住了。她仿佛从他的身上看到了西欧文学作品中的维特或圣普乐的影子，她认定他就是自己心中的白马王子。更使姑娘想了解的是奥涅金那谜一样的内心世界。

　　然而，塔吉雅娜将奥涅金认作纯情少年，完全是她浪漫天真的想象所致。奥涅金这个京城的贵族青年之所以愿意留居乡下，是因为他对世俗的一切欢乐都厌倦了，早已成了一个心灰意冷的人，在爱的天地里他自认为是一个过来人。在圣彼得堡那难忘的八年里，他热恋过，也憔悴过；品味了幸福，也咀嚼过痛苦；他被别人伤害，也伤害别人，真情假意全都经历过。对奥涅金来说，爱情似乎早已成为一本过时的传奇小说。

如此心境的奥涅金想通过阅读或写作来重塑自己，可惜缺乏毅力，无论如何也振作不起来，怀着忧郁和烦闷他来到了乡间。纯情的塔吉雅娜在他们初识的那一瞬间也使他心动，但他并没有因此而一往情深。

从那以后，塔吉雅娜深情而焦急地等待着白马王子的求爱。日子一天天过去了，奥涅金却没有再次登门。单相思的痛苦开始折磨塔吉雅娜，她茶不思、饭不想，彻夜难眠，以至于内心的爱火烧烫了全身。姑娘终于大胆地给奥涅金写了一封信。

接到这封饱含真情和勇气的书信后，奥涅金给了姑娘一个冷冰冰的回答。在花园里，奥涅金十分客气地感谢塔吉雅娜对他的信赖。他说他喜欢姑娘的真诚，但只能给她以兄长的爱，而绝不会成为她的丈夫。奥涅金告诉塔吉雅娜他不愿让家庭的小圈子束缚自己，结婚只会给他们带来如许的苦恼。听罢奥涅金这番"表白"，塔吉雅娜的心仿佛掉进了冰窖，一切好像又回到了从前，除了寂寞之外，又添了一份痛楚。她尤其无法接受的是，奥涅金竟把她的纯情当作世俗的"年轻姑娘飘浮不定的幻想"。她还能说什么呢？爱情的太阳还没有升起，青春的朝霞就被乌云遮盖。从此，幸福与欢乐的光芒不再照耀塔吉雅娜的心田，然而，奥涅金的身影却更频繁地在她的脑海里浮现。一个严冬的夜晚，塔吉雅娜在梦中走进雪原，一条奔腾的河流挡住了她的去路，后面又闪出一头大熊。不知哪来的勇气使她渡过了激流，大熊却紧追不舍。她跑过苍翠的树林，却终因劳累昏倒在雪地上。大熊把她带到一间草房里，在这里姑娘看见奥涅金同魔鬼在一起争斗，争夺的对象就是她，之后，奥涅金又同连斯基发生冲突。恐怖的景象终于把她从梦中惊醒。

又过了许久，连斯基转达了塔吉雅娜一家对奥涅金的邀请。他们希望这位高贵的朋友能参加塔吉雅娜的命名盛宴。奥涅金出于礼貌，如期前往。宴会上宾朋满座，非常热闹。但是，喧哗的场面和塔吉雅娜忧郁的面容又使奥涅金这个"怪人"难以忍受。他决定用激怒连斯基的做法来宣泄胸中的烦躁与无名之火。舞会开始以后，奥涅金当着连斯基的面，故意追逐奥丽加。不料，这个轻浮的少女也竟然把连斯基忘在九霄云外，尽情地跟奥涅金调情。连斯基果然真的被激怒了。于是，悲剧接踵而来。两个从前的朋友走到了决斗场上。在虚荣心的驱使下，奥涅金打死了连斯基。年轻浪漫的诗人就这样倒在一个孤独者荒唐的子弹下。不久，奥涅金怀着深深的内疚和苦闷离开了庄园，远走他乡，四处漂泊。后来，普希金的朋友雅泽科夫认为，《叶甫盖尼·奥涅金》中奥涅金与连斯基的故事和结局恰恰成为普希金与丹特斯纠纷和结局的预演。

　　奥涅金出走以后，塔吉雅娜既伤心于连斯基的早逝，又疑惑于奥涅金的行为。他们曾经是一对那么情投意合的友人，怎么会一夜之间反目为仇？奥涅金有学识、有身份，怎么能做出这样令人费解的荒唐事？塔吉雅娜抱着这样的疑惑，两次探访了奥涅金的寓所。在幽静的书房里，她看到了英国诗人拜伦的肖像画。法兰西帝国皇帝拿破仑的半身塑像也端放在奥涅金的书桌上。书斋的氛围使塔吉雅娜流连忘返。第二次探访时，她认真地拜读了奥涅金曾经读过的书籍。这个青年贵族走过的思想旅程顿时给塔吉雅娜打开了一个崭新的天地。《唐璜》《异教徒》及其他一些浪漫主义名著使这个乡村姑娘认识了现代社会青年的心态。姑娘似乎终于明白，是哪些思想和理论激动了奥涅金的心灵，是什么人生路标指引他行动的方向。

几年之后，奥涅金对旅行也厌倦了，他又回到了莫斯科。在一次上流社会的舞会上，他巧遇了塔吉雅娜。这时她早已不是那个纯朴的乡村姑娘，而是典雅庄重、傲视群芳的贵妇人了。原来不久以前，塔吉雅娜遵从母亲的意愿嫁给了一位年长的将军。虽然她对生活早已没有任何渴求，但依然保持着高傲而质朴的心灵。她厌恶贵族社会的喧嚣与纷乱，始终思念故乡自然的清香。此时此刻，她也认出了奥涅金，不过她心中再也没有激动。奥涅金却忽然感到一种莫名的失落，这种失落很快又转化成爱的疯狂。一封封情书像雪片一样飞向塔吉雅娜。没有接到复信，他又天天来到她的门前，走进她的客厅，像影子一样追逐她。对于上流社会的责难，他置若罔闻；对人们鄙弃的目光，他也视而不见。但是，毕竟事过境迁。而今，无论这位曾经高傲的贵族公子怎样大献殷勤，塔吉雅娜都一概漠然处之，有时甚至都不正眼看他一眼。奥涅金又一次饱尝了苦爱的滋味。又过了一些时候，他终于听到了塔吉雅娜的心声，她说，她虽然曾经爱过他，但是现在，她只能忠实于自己的丈夫。尽管幸福曾经是那样唾手可得，但时过境迁，往昔的一切都结束了。

　　这就是奥涅金与塔吉雅娜的没有相爱的"爱情悲剧"，这就是叶甫盖尼·奥涅金这个贵族青年的失败人生，这就是纯情少女塔吉雅娜悲凉的命运。诗体小说写到这里戛然而止。

普希金在这部作品中虽然设计了浪漫小说的结构，赋予它温情的格调，但奥涅金和塔吉雅娜的情感纠葛却不是创作的主要题旨。对普希金来说，他是通过奥涅金失败的人生提出了一些重大的社会问题：如农奴制问题、贵族青年出路问题、妇女的社会地位问题、文化发展问题等等。

普希金以奥涅金的经历为主要线索向读者展现了 19 世纪 20 年代至 30 年代社会的方方面面，描绘了一幅幅广阔的社会风俗画。作品中既有城市生活的浮华和喧闹，也有乡村生活的宁静与纯朴；既有对自己国家历史的回顾（追忆 1812 年卫国战争），也有对它未来的展望（甚至设想了交通旅游的发展）。普希金把统治阶层与普通农民的生活做了鲜明的对比。贵族们在奢侈的生活中纸醉金迷，而农奴们却担负着沉重的徭役。作品批判了老贵族的保守僵化，也表现了新一代贵族的探索精神。普希金还通过作品直接地或间接地评论了俄罗斯的经济、贸易、文化、艺术及婚姻制度等方面的问题。无产阶级革命导师马克思曾在《资本论》中提到过普希金的这部名作，他认为小说反映了当时俄国经济发展的某些特征，反映了该国经济贸易金融发

俄罗斯文化之魂——普希金

展所达到的水准。

　　作为一个杰出的诗人，普希金在作品中多次表达了他的审美理想、创作观念以及对俄罗斯文学语言的精深见解。难怪俄国著名文学批评家别林斯基称《叶甫盖尼·奥涅金》是"俄国生活的百科全书"。在这部作品出版之前的文坛没有任何一位作家的创作能够达到这样的深度和广度。

　　《叶甫盖尼·奥涅金》的成功不仅在于它反映了俄国社会生活的广阔性和深刻性，更在于它创造了新的艺术典型。

　　奥涅金是19世纪20年代典型的贵族青年，他受过时髦的欧式启蒙教育，读过浪漫主义作家的著作，也研究过近代资产阶级的经济学理论。他崇尚拜伦的个人奋斗精神和拿破仑的冒险主义。他好思索，敢创新，力图有所作为。他在农村中搞了一点改革，希望改善农奴们的生活处境，说明他是一个富于同情心和正义感的人。奥涅金生活在新兴资本主义崛起的时代，深受自由思潮的影响，他反感沙皇的专制制度，厌恶僵化、愚昧、保守和虚伪的社会风气，不愿意与贵族阶层的没落分子同流合污。正因如此，他才被地主绅士们视作异端。无疑，普希金借这个典型形象表达了他对社会进步势力的肯定。从奥涅金的身上我们还可以发现作者自己的影子。他们有相同的身世，受过近似的教育，具有共同的思想信念。他们都曾经浪迹圣彼得堡而后又不甘沉沦，到乡村幽居，寻求出路。奥涅金与普希金一样具有一定的民主意识。在作品中，作者亲切地称主人公为朋友，常和他在涅瓦河畔畅谈理想与人生。在米哈伊洛夫斯科耶的椴树林下，现在还保留着一把以奥涅金姓氏命名的长椅，叫"奥涅金长椅"，似乎奥涅金真有其人。而普希金研究专家洛特曼认为，真有一个叫叶甫盖尼·奥涅

圣彼得堡街上的小吃铺和烟草摊

金的人在普希金故乡那边。不过，奥涅金在小说中的经历，特别是作品开头，他急急忙忙地下乡去料理伯父后事的情景与普希金处理叔父瓦西里的庄园遗产的经历极为相似。普希金在三山村与庄园主的两个女儿友好往来，又婉拒了一个热恋女孩的爱情，这些在普希金的作品里都能找到相应的影子。诚如普希金学专家所指出的那样，三山村的贵族小姐们自认为，作品中的塔吉雅娜和奥丽加的人物原型就是取自安娜·奥西波娃和吉吉·奥西波娃。"三山村的色彩在《叶甫盖尼·奥涅金》中的确非常多。"

然而，应当指出，普希金和奥涅金又有严格的区别，后者身上带有贵族阶级的显著弱点。奥涅金缺乏坚定的意志，生活慵懒，玩世不恭，以个人为中心，自私狭隘，在事业上没有恒心，读书一知半解，写作半途而废，所从事的农村改革也没有结果。在爱情上，缺乏严肃认真的态度，甚至不能辨别情感的真伪，拒绝和追求塔吉雅娜都不是出自真情，戏弄和打死连斯基则充分暴露了他的个人主义。奥涅金既不同贵族绅士们合流，也不与农民们接近，要么在沙龙里清谈，要么孤独地旅行；小事不屑于做，大事也做不成；更不用说投身于当时正在兴起的革命运动。他的行为完全是个人的盲目的冲动，碰壁之后他便彷徨、苦闷，是一个俄国"忧郁症"患者。从圣彼得堡到农村，从故土

圣彼得堡郊外叶拉金岛风光（1829 年）

俄罗斯文化之魂——普希金

到异乡，奥涅金耗费了宝贵的青春，到头来却一事无成，没有事业，没有爱情，没有家庭，也没有朋友。贵族阶级不需要他，劳动大众也不需要他，真情让他给拒绝了，友谊也让他给扼杀了，在整个社会里他成了找不到生存位置的"多余人"。

奥涅金这一类贵族青年的失败就在于他们不具备彻底的革命性，缺乏深刻的思想，更没有拼搏的勇气，完全让个人感觉牵着鼻子走。冷漠时，对世上的一切，哪怕是金子般的赤诚都无动于衷；激动时，则失去理智，什么荒唐行为都会产生。这类人物自我矛盾的内心状态就导致他们成为时代的弃儿。普希金凭着他敏锐的观察发现了这一类典型，并及时地在创作中再现了他们。奥涅金们在俄国由旧体制向新社会过渡的时代始终存在着。在普希金之后，莱蒙托夫、赫尔岑、屠格涅夫、冈察洛夫等作家都描绘了他们所在时期"多余人"的肖像，诸如《当代英雄》中的毕巧林、《谁之罪》中的别尔托夫、《罗亭》中的罗亭、《奥勃洛摩夫》中的奥勃洛摩夫等等。普希金和他的后继者们虽然对这类青年的命运寄予惋惜之情，但对他们的批判讽刺同样是尖刻的。通过对"奥涅金现象"的批判，把抨击的矛头直指导致这一现象的沙皇制度。

与奥涅金相对照，塔吉雅娜则是普希金精心塑造的理想的典型，她的形象颇具光彩，而她的光彩来自普希金本人的品格和经历。塔吉雅娜生长在乡村，与下层人民有着直接的联系，大自然的美丽清新陶冶了她的灵魂。作者把她喻为来自林中的小鹿，她仿佛是大自然的女儿。这个纯朴的姑娘喜爱宁静而厌恶喧嚣，独处静思是她的秉性。她有一颗金子般善良的心，常常周济穷苦人。酷爱读书使她成为一个有文化、有教养的人。虽然她生活在乡下，但经过读书，她也受到新时代意识的影响，因而，跟一般的女孩不同，敢于大胆地追求新的生活方式。塔吉雅娜爱得真诚、爱得勇敢，并在情感上始终忠于自己的理想。普希金着力表现了塔吉雅娜的清纯。她后来到了莫斯科，但对豪华的生活、上流社会的名誉都视若粪土，尤其鄙视贵族的虚伪。在莫斯科的社交界，塔吉雅娜犹如出淤泥而不染的清香的荷花，普希金通过她的形象寄托了浪漫主义的理想。浪漫主义文学最重要的思想原则之一是回归大自然，作者在描写这个人物形象时，始终围绕着大自然，塔吉雅娜在作品中第一次出现，作者说她像林中小鹿；小说结尾处，她最终的向往仍然是回归那荒芜的花园。

塔吉雅娜有无生活原型，文学史家们没有定论。但有一点是可以肯定的，这个形象或隐或现地体现了普希金的生活经历。普希金说，塔吉雅娜仿佛生活在别人家，如养女一般，普希金小时候也很少受到父母的关照；塔吉雅娜视奶娘为知己，普希金把奶娘阿丽娜当作一生的忠实伴侣；塔吉雅娜热爱大自然，普希金也把大自然看作自己的心灵归宿；塔吉雅娜不爱富贵，普希金也从不追逐名利。过去，有些西方学者认为"蒙娜丽莎"是文艺复兴时期大画家达·芬奇的自画像。我们是否也可以说，塔吉雅娜这位迷人的姑娘是俄罗斯文学中的"蒙娜丽莎"呢？作者还通过塔吉雅娜宣言将永远忠实于丈夫的细节描写，曲折地赞颂了十二月党人妻子忠贞的品格。普希金深情地称她为"俄罗斯的灵魂"，或许，这正是陀思妥耶夫斯基把塔吉雅娜奉为"俄国妇女圣像"的原因吧。

　　塔吉雅娜形象的另一个意义是典型的民族性。她的名字是普希金特意从最普通的乡村劳动妇女常用的名字中撷取的。俄罗斯的特色透过塔吉雅娜的眼睛、梦幻和理想而表现出来，她非常热爱冬天，茫茫的雪原、奔跑的骏马、飞驰的雪橇、穿着羊皮袄扎着红腰带的农夫、活泼可爱的猎狗，这也是俄罗斯民族最喜欢的景象。塔吉雅娜的梦具有浓厚的俄罗斯民间文学色彩，梦中出现了冬天的森林、蠢笨的狗和茂密的白桦林，她梦见的爱神不是古罗马的维纳斯而是古罗斯的列里，连她算卦的方式也是纯俄罗斯式的。普希金把塔吉雅娜的命名日当作展现俄罗斯民俗的大舞台。所有这一切使塔吉雅娜成为文学中俄罗斯精神的化身。普希金的民族化审美原则因此而得到充分的体现。

普希金一直想写一部反映当代现实生活的作品，在《叶甫盖尼·奥涅金》中他圆满地完成了这个任务。他的人物是当代的，环境是当代的，情节是当代的，反映的社会矛盾、思想和问题均同现实生活紧密相关。从当代生活中去发现人物、塑造典型、反映时代的走向，这是普希金长期艺术探索的一个总结。而且在普希金的创作中，《叶甫盖尼·奥涅金》也是最受世界各国读者喜欢的长篇作品。普希金作为杰出的现实主义诗人正确地引导了俄罗斯文学发展的方向。

情诗王子

涅瓦河及美术学院前的滨河街（1830 年）

俄罗斯文化之魂——普希金

俄罗斯诗坛的"阿波罗"（古希腊神话中的太阳神）一生为自由和爱情歌唱。他常在诗中祝愿人们生活幸福，而他本人的经历却总是坎坎坷坷。早年普希金先后对巴库尼娜、奥列宁娜、拉耶夫斯卡雅、凯恩夫人、沃龙佐娃、乌莎科娃、玛丽雅等许多心仪的女性寄托了无限的爱恋，虽然那时爱神并不眷顾多情的普希金，但却催生了无数流传后世的动人情诗。

爱情是人类最美好的情感之一。几千年来，爱情成为诗人们描写与吟唱的永恒主题。在西方文学的园地里，荷马、但丁、彼特拉克、莎士比亚、歌德、席勒、拜伦和雪莱都曾为爱情的花朵辛勤浇灌，他们都是爱情热忱的歌唱者，而普希金正是他们天才的继承人。普希金 800 多首抒情诗中有许多是为爱情而作的。这同他多情而敏感的天性有关。可以认为，执着地追求真挚的爱情是普希金生活的一个主要内容。从他少年时代的《墓志铭》中我们就可以洞见诗人的生活价值取向。19世纪初叶，俄罗斯的学校中流行撰写墓志铭诗体，年少不知愁滋味的学生们喜欢模仿大人们伤时感事。普希金当时这样写道："普希金埋葬在这里，他与青年缪斯在一起，伴着情爱，伴着懒散，度过了快乐的世纪。他不曾做过好事，但实在有善良的心地。"缪斯是古希腊神话中掌管艺术与诗歌的女神，后来，这个形象成为诗歌或诗歌创作的象征。诚然，从普希金后来辉煌的一生来看，他并非慵懒之辈，而实实在在是位才华横溢的诗人。但毋庸讳言，爱情也确是普希金生活与创作的主要内容之一。在他短暂的生命之旅中，他饱尝过初恋的甜蜜，也品味过失恋的酸楚。真挚的恋情使诗人陶醉，虚假的情感让他生厌。爱的喜悦和烦恼在他的诗作中构成一支牵魂动魄的交响曲。

或许是普希金从小就阅读法兰西文艺作品的缘故，丘比特那支爱的神箭很早就射中了这个多情少年的心。1815年寒冬的一天，一位少年站在皇村学校教室的窗前，痴情地凝视着校园内那条林间小路。窗外雪花飞扬，特别的气氛扰乱了他本来就不平静的心思，任凭寒风吹打他的面庞，他依旧在那里等待着盼望已久的身影。啊！她终于出现

俄罗斯文化之魂——普希金

了！只见一个穿黑色连衣裙的美丽少女踏着轻盈的步子沿小路朝教室走来，她就是少年普希金的初恋情人巴库尼娜。初恋的幸福激发了诗人的灵感，从此，如潮的诗情激发他写出了20余首歌唱爱情的诗篇。这些诗都是献给巴库尼娜的，俄罗斯普希金学把它们称作"巴库尼娜情诗"。其中《咏唱者》这首诗描绘了钟情的咏唱者在林间小路中徘徊等待巴库尼娜的心情。"您是否听到树林后边夜半的歌咏，歌咏者在吟唱自己的恋情，自己的哀怨？当晨曦的原野静悄悄，凄婉质朴的嗓音响起，您是否听见？您是否碰见空旷昏暗森林中歌咏者在吟唱自己的恋情，自己的哀怨？您是否碰见泪水和笑颜，看见饱含忧伤而安详的眼神？您是否碰见？您是否在注视那安详的眼睛时轻声哀叹？歌咏者在吟唱自己的恋情，自己的哀怨。当您在林间看见这个青年人，目睹他那黯然的双眼，您是否轻声哀叹？"（戈宝权译）这首诗多少还保留着普希金前辈的诗所特有的感伤主义的情调。诗人用悲伤的歌声传达出他苦恋的心情。普希金把自己的恋情融合在凄婉深情的问询中，那如泣如诉的旋律在林中回响，在原野里飘荡着初恋少年的心声。诗人以层层递进的方式表达情感，深化主题。这首诗通过听觉和视觉的描摹，最后深入到咏唱者内心。读者先是听到忧伤的歌声，再是看见忧郁的面容，最后与歌者分担忧愁。

这首诗采用向读者倾诉的手法，把诗人的心境与读者的感受巧妙地联系起来，用第二人称缩短了作者与读者的心理距离，从而在他们之间引起共鸣。

普希金很善于借景抒情，《秋天的早晨》这首诗将爱的回味和期待写进了萧萧的秋色里：秋天用寒冷剃光了白桦树和菩提树的头，并在枯萎的林间喧哗。黄叶纷纷，白雾弥漫，秋风掠过山岗、田野和树林，这秋景正是诗人欢乐和相思的见证。与《咏唱者》不同，这首诗以浸透着诗人主观情感的景色感染读者。普希金的恋人在金秋时节离他而去，诗中充满无限惆怅。往日他们在山岗上嬉戏，在森林里漫步，在田野里踏青，这些自然景物都是诗人相思和幸福的见证。而今秋风吹落了白桦树与菩提树的黄叶，也吹凉了少年诗人的心。诗中没有一个愁字，但诗人笔下的秋景却渲染出"怎一个愁字了得"的心绪。恋人远去，伤心总是难免的。不过，诗人并不灰心，青春和诗情将伴随他去迎接又一个阳光明媚的春天。《秋天的早晨》已经表明，普希金的情诗同他的前辈一味悲伤的情调已有所差异。

如果说，爱的苦涩得用诗歌来宣泄的话，那么，爱的欢乐则是激发诗人灵感的精神兴奋剂。普希金的《致凯恩》这首诗就产生于爱的狂喜之中，"我记得那美妙的瞬间，你出现在我的面前，仿佛转瞬即逝的梦幻，又似清纯美丽的

俄罗斯文化之魂——普希金

天仙"。这首诗歌堪称"爱情欢乐颂"。人的生命是有限的，人对生命中美的体验就更为短暂。美的形象、美的青春、美的感觉在历史的长河中从来都是转瞬即逝的。正因如此，那难得的美妙的一瞬才使诗人刻骨铭心。普希金在这首诗中回忆了 1819 年他与凯恩夫人在圣彼得堡的初识。那时，普希金与这位姑娘不期而遇，凯恩夫人的美妙风韵刹那间震撼了普希金那颗多情的心。当年，凯恩夫人只有 19 岁，亭亭玉立如清水芙蓉，青年诗人也风华正茂，具有浪漫气质的普希金对美无疑有一种独特的敏感。可惜凯恩夫人当时与普希金初次交往，因而，他们之间不可能有过深的晤谈。少女端庄文静的仪态更引起了普希金的好奇心和钦慕感。他觉得这是一个可望而不可即的仙女，如云霞飘然而至又飘然而去。初识是那样短暂，别离又是那么长久。离开圣彼得堡后，普希金不知道，也无从打探到他倾心的少女的影踪，大有"春归何处？寂寞无行路"之感。普希金在这之前曾多次经历无望之恋，所以凯恩夫人之于他又将是一个"梦幻"。可以说，诗中"转瞬即逝的梦幻"一句准确地表达了诗人当时的感受。接下来，普希金向凯恩夫人倾诉了离别后的思念，回忆了往昔的梦境，诉说了相思之苦，一连用"没有偶像，没有灵感，没有泪水，没有生活，没有爱恋"等五个"没有"突出凯恩夫人在诗人生活中的

圣彼得堡上流社会沙龙（1830 年）

俄罗斯文化之魂——普希金

重要位置。厄运袭来，诗人的心也仿佛处于冬眠状态。忽如一夜春风来，梦中情人又相逢，这怎能不让诗人欣喜若狂呢？它带给诗人的不仅仅是"那美妙的瞬间"，更有那生命的狂喜、心灵的复苏、激动的热泪和泉涌般的灵感。《致凯恩》这首诗激情饱满，语句流畅，前后辉映，回环往复，乐感极强。诗的妙处还在于，诗人力求表现一种空前未有的喜悦，却没有单纯地写这种欢乐的心情。他先写恋人的绝伦之美，再写离别后无望的愁思、寂寞和空虚。这些为表现重逢的喜悦做了很好的铺垫，在对比中烘托气氛，抒发激情。诗的第一节好似歌剧中的咏叹调，中间的部分又如低沉的宣叙调，结尾的部分则是更为奔放的咏叹调。这种起伏交替的结构使诗歌的形象和情感显得格外多彩而丰满。杰里维格获得这首诗歌精品后很快就在他主编的杂志《北方之花》上公开发表了，读者争相诵读这首诗歌杰作。据说，普希金的朋友——著名作曲家格林卡见到这首诗后立刻将它谱写成浪漫曲，于是《我记得那美妙的瞬间》成为俄罗斯乃至世界最优秀的抒情歌曲并流传至今。

普希金女友——十二月党人之妻穆拉维约娃，将普希金的名作《在西伯利亚矿井深处》带给了受难的十二月党人。

普希金是个多情的诗人，但他一向珍重的是高尚的情感，颂扬忠贞的爱情。普希金爱得深沉、爱得高尚是由于他有大海般的胸怀。他著名的爱情小诗《我爱过你》正是他博大心胸的写照："我爱过你/爱恋之火或许/在我的心底尚未完全燃尽/可别再让它扰你心绪/我绝不想令你感伤/我爱过你/默默无言没有希望/有时小心翼翼/有时妒意难忍/我爱过你/如此真切/如此柔情/请上帝赐给你另外一个这样的爱神吧"看过苏联优秀影片《这里的黎明静悄悄》的读者，一定还记得这样一个情节：一群天真烂漫的女战士战时间歇欢聚在营房里，她们深情地回忆起战前和平的好时光。当有的姑娘为迟迟不来的爱情而伤心落泪时，大学生索妮娅为伙伴们朗诵起这首《我爱过你》。在饱含深情的朗诵中，普希金真切而温柔的诗句给身处战争险境里的姑娘们以莫大的安慰。尽管，诗人抒发的是爱的情感，但诗中却蕴含着比爱更为深广的情怀。透过那复杂微妙的心理活动，闪耀的是高尚品格的光辉。诗的字里行间虽然流动着忧郁，但诗人并没有在忧伤中消沉。这就是普希金抒情诗的显著特征与风格。往往在经历挫折之后甚至在挫折之中，诗人的内心都迸发着一种积极向上的精神。这样的诗给读者以力量，使他们振作。诗人以这首著名的恋诗向读者表白：失恋在生活中是难免的，重要的是不能因此再失去高尚的人格，只有拥有开朗的心态、宽容的胸襟，才能走出个人情感狭小的世界，迈出个人生活的情感沼泽，从而获得广阔的新的人生天地。

而《假如生活欺骗了你》这首诗最能体现普希金一贯乐观的浪漫主义精神。普希金告诫年轻的朋友：假如生活欺骗了你，不必忧戚，别生闷气……一切都似白驹过隙，一切总会过去，心向未来，往昔就会变成可爱的记忆。这首小诗是普希金在三山村赠给友人奥西波娃的女儿的。它不仅教育青年人要克服困难、乐观向上，还道出了一个生活和美学道理，这就是，追溯往昔总是一种温情的审美。当人们成功时，回首那艰辛的过去，内心会油然地升起自豪感和幸福感，这样的回忆不是很美吗？而当人们失意时，遥想当年豪情满怀或春风得意的情景，这样的回忆不也是一种很美的精神慰藉吗？哪一位过来人不津津乐道自己的往昔呢？往事经过情感与时间的浸泡，犹如陈年佳酿，总是显得意味深远、韵味无穷。

19 世纪 20 年代中期，普希金常常去圣彼得堡美术学院院长奥列宁家做客。院长的家与普希金的住宅都在莫伊卡河边上。奥列宁有一个美丽的女儿奥列宁娜。普希金早就认识她，当时奥列宁娜还是一个小姑娘。普希金从流放地回到圣彼得堡后，她已经是宫廷女官，此时的奥列宁娜不仅小巧玲珑、容貌动人，而且头脑机灵，颇有文学才华。

普希金很快就陷入对她的爱恋之中，热烈而执着地追求这个姑娘。奥列宁娜曾经跟普希金很亲近，常常给他唱歌，陪他去参加舞会，对普希金的评价也不错，称他是那个时代最有趣味的人。她那个时候开始构思一部将普希金写成主人公的小说。有一次沙龙聚会时，她无意识地对普希金以"你"相称，而没有用客套的人称代词"您"，这个细微的代词变更，或许姑娘无意，但是听者有心，让本来就暗恋奥列宁娜的普希金激动不已，诗潮澎湃。普希金后来为她写下了一些情诗，其中一首就记述了这个让诗人刻骨铭心又浮想联翩的情景。普希金还恳请当时旅居俄罗斯的英国绘画大师乔治·塔乌先生为奥列宁娜绘制肖像画。他曾正式向奥列宁家族求婚，但是奥列宁家族嫌普希金家境一般且政治激进，婉言谢绝了他的求婚。求婚虽然未果，诗人给奥列宁娜的情诗却写了一大堆，它们是《她那双眼睛》《您被大自然宠坏了》《别唱了，美人，在我的面前》等等。不过，普希金有的诗歌尽管是为奥列宁娜创作的，但有时也可能献给别的朋友，其中一首就献给了他在莫斯科的女友伊丽扎维塔·乌莎科娃。

普希金与拉耶夫斯基家族感情深厚，其中特别体现在他对拉耶夫斯基家的几个女儿的眷恋上。在流放前的圣彼得堡时期，普希金对拉耶夫斯基将军的大女儿卡佳就情有所钟。圈内的朋友都知道普希金苦恋着卡佳，普希金也丝毫不掩饰他的爱恋。在普希金的心中，卡佳·拉耶夫斯卡雅是一位非常独特的女性。可惜，少女的芳心另有所许，不久，卡佳就远嫁给驻扎南方的奥尔洛夫将军，一个未来的十二月党人，普希金只得空留绵绵情诗和无尽遗憾。在流放南俄的日子里，普希金又与拉耶夫斯基家族朝夕相处，渐渐地，将军15岁的美丽纯情的小女儿玛丽雅·拉耶夫斯卡雅又占据了多情诗歌王子的心。不过，与对她姐姐卡佳的恋情相比，普希金对玛丽雅的情愫是纯审美的朋友感情，也可以说是一种独特的诗歌爱恋。玛丽雅可能并不是普希金有婚姻目的的追求目标，他只是将她作为至美至纯的化身来迷恋和赞美。这可以从普希金当时和后来一系列情诗和长诗中体会出来，尤其是在传奇长诗《巴赫契萨拉依泪泉》中，这种情爱符号极为明显。苏联艺术心理学家维果茨基在他的《艺术心理学》中曾经提到，据20世纪一位形式主义诗歌学者考证："巴赫契萨拉依"中"拉依"这个音节就是普希金念念不忘的"拉耶夫斯卡雅姐妹"的语音借代，这个音节在传奇长诗中反复出现正泄露了创作者极为个性化的特定的私人情感秘密和审美心理指向。很显然，玛丽雅也不可能是普希金爱情的归宿，她的命运也是悲剧性的，她后来嫁给了一个十二月党人谢尔盖·沃尔康

普希金画像，画家索科洛夫创作于 1836 年

斯基公爵，成为一个忠贞勇敢的十二月党人之妻。她的传奇经历后来被诗人涅克拉索夫写成叙事诗《俄罗斯妇女》。熟悉俄罗斯文学的读者或许还记得，在列夫·托尔斯泰长篇小说《战争与和平》中那个英俊正直的军官保尔康斯基，纯情的娜塔莎也梦想着他，这里就有沃尔康斯基和玛丽雅的影子。据文学史家考证，普希金的构思对托尔斯泰创作

《战争与和平》的影响巨大。在众多作品里，如《叶甫盖尼·奥涅金》《波尔塔瓦》《巴赫契萨拉依泪泉》及多篇抒情诗里都寄托了普希金对玛丽雅的缠绵情思。

普斯科夫的三山村也见证了普希金的浪漫情怀。庄园主奥西波娃和她的两个女儿都是普希金的好朋友。在幽居米哈伊洛夫斯科耶的日子里，奥西波娃一家给普希金带来了莫大的慰藉。庄园主的小女儿安娜·尼古拉耶夫娜·乌尔夫，更是对天才诗人一往情深。可惜，普希金始终将安娜当作自己的小妹妹，对她只有大哥哥式的友爱。非常有趣的是，那时普希金钟情的对象不是别人，恰恰就是安娜的表姐妹凯恩夫人。在三山村和米哈伊洛夫斯科耶，普希金和凯恩夫人度过了难忘的时光，他们当年散步的林荫小路后来被命名为"凯恩林荫路"。

而伊丽扎维塔·希特罗沃与普希金的交往具有更多的精神内涵。伊丽扎维塔是普希金为数众多的女性崇拜者之一。她原姓库图佐娃，在皇宫当女官。她的父亲就是1812年卫国战争英雄、大名鼎鼎的俄罗斯军队的统帅米哈伊尔·库图佐夫元帅。他曾经率领俄罗斯军民将拿破仑侵略军赶出了俄罗斯。伊丽扎维塔在19岁那年嫁给了亚历山大一世的副官。伊丽扎维塔的丈夫在奥斯特里茨战役里负伤身亡，他的性格和战斗经历后来被托尔斯泰写进了《战争与和平》中，他就是小说主人公保尔康斯基的原型。丈夫死后，伊丽扎维塔带着两个女儿改嫁俄国驻佛罗伦萨临时代办希特罗沃将军，从此改姓希特罗沃。1827 年她回到圣彼得堡。普希金从那时起，开始到她的沙龙里做客。伊丽扎维塔很快就被普希金的气质所吸引并爱上了这位名扬天下的青年诗人。普希金经常与伊丽扎维塔畅谈法国文学，一起阅读雨果和圣伯夫的最新作品和评论。普希金从伊丽扎维塔那里读到了《欧那尼》。普希金将伊丽扎维塔视为自己难得的文学知己。伊丽扎维塔比普希金大 16 岁，又身为人妇，因此，她也知道对普希金的爱恋是不会有什么结果的。尽管这样，当她获悉普希金与纳塔丽娅结婚的消息后，还是陷入了难以言说的深深的忧伤之中，但与普希金的真诚友谊和诗人赠送的诗歌却给了她长久的慰藉。

叙事大家

涅瓦河上瓦西里岛的沙嘴

俄罗斯文化之魂——普希金

普希金不仅是公认的俄罗斯诗歌的太阳，同时也是俄罗斯近代叙事文学大家。普希金的叙事文学创作（叙事长诗、中短篇小说和诗体小说等）题材广泛，类型多样，风格独具，在内容和形式方面为 19 世纪俄罗斯和后来的苏联文学留下了一系列经典的叙事范式，成为后来小说家们取之不尽用之不竭的创作宝典。普希金的这些作品让读者在艺术的欣赏中去感悟历史的启迪，而认真解读他的叙事文学，则有助于深入理解俄罗斯文化。

　　普希金对俄罗斯叙事文学最重要的意义首先在于他是 19 世纪叙事主题的开掘者。俄罗斯国家的命运、有启蒙意识的贵族青年与社会发展的关系、妇女问题、社会演变与传统道德的关系、俄罗斯的民族文化发展等重大主题均由普希金最先感悟并加以开掘。普希金对于自己祖国文学主题的奉献是多方面的。他有关社会变革和民族文化发展的思想、他的道德探索、对妇女解放的关注都丰富和深化了俄罗斯文化的内蕴。

在他的叙事创作中，叙事长诗《青铜骑士》、诗体小说《叶甫盖尼·奥涅金》、中篇小说《上尉的女儿》以及未完成的作品《罗斯拉夫列夫》更多或更直接地表达了诗人对俄罗斯命运的关注。他赞美彼得大帝的改革，批判腐朽的农奴制，嘲弄旧贵族的愚昧和保守，颂扬自由和民主精神，渴望俄罗斯的新生。普希金热爱纯朴的劳动大众，对他们在沙皇残酷统治下的悲惨境遇深表同情。所以，他对下层劳动人民的理解与一般贵族文人迥然不同。他在《上尉的女儿》里对农民起义首领普加乔夫的刻画，与俄罗斯史学家的笔触大相径庭。对贫苦农民起义领袖善意的理解和公正的描写，无疑寄托了普希金希望改革俄国农奴制社会的正义愿望。从总的思想来看，诗人在呼唤社会的进步。但是，普希金毕竟属于封建统治阶层，习惯了优裕平和的生活，惧怕剧烈的社会变革。从主人公格利涅夫那个可怕的梦幻中，读者又不难体会到普希金对农民革命深深的忧虑甚至是恐惧，从而才有了作者对叶卡捷琳娜女皇"慈爱宽容"的描写，由此表达了普希金对所谓"明君"的幻想。普希金主张俄罗斯变革，但是只是改良，而非革命。这也是俄罗斯 19 世纪解放运动第一阶段贵族改良思潮的主要特征。综观 19 世纪俄罗斯文学史，我们可以清楚地看到，渴望社会制度改良而又惧怕民众革命的矛盾心态贯穿于 19 世纪俄罗斯众多贵族作家的作品中，格利涅夫的那个恐怖梦幻通过世纪的文学长廊，又演化成陀思妥耶夫斯基《罪与罚》的主人公拉斯柯尔尼科夫可怕的梦境。列夫·托尔斯泰在其小说中对受苦受难的"玛斯洛娃"们寄予了深切同情，对腐朽的沙皇社会进行了更加尖锐的抨击，但他的改革"良方"仍然是人类心灵的善化和道德的自我完善。他在思想上与普希金对农民起义后果的质疑是有继承和呼应的。这当然是那个时代俄罗斯思想和文学的历史局限。对此，应当以历史唯物主义的态度客观地评价普希金开掘的这一文学主题。

作为一个有民族自豪感和革新意识的文学家，普希金既热爱自己的民族文化传统，同时也清楚世界先进国家文化发展的态势。他不仅从民族文化的土壤里汲取丰富的养分，也积极地吸收外来先进文化的成果。普希金在自己的叙事创作中提出了俄罗斯文化发展走向的主题。诗人承认，在他所处的时代，俄罗斯文化还较为落后，因而更需要向发达国家学习和借鉴。《叶甫盖尼·奥涅金》《罗斯拉夫列夫》等作品都探索了俄罗斯民族文化问题。这些作品反映了西方文化，尤其是法国和英国文化对俄罗斯精神世界的巨大冲击，普希金通过主人公的阅读取向来注解他们性格形成的时代根源。普希金特别通过《罗斯拉夫列夫》这部小说表达了他不卑不亢的文化心态。他认为，俄罗斯青年虚心学习先进的外国文化，在民族文化的基石上，特别是在俄罗斯大众文化的土壤上博采各国文化之长，是提高民族文化的必由之路，也是爱国主义的具体表现。普希金辞世以后，俄罗斯文化界在长达一个世纪的漫长岁月里绵绵不绝地进行着"斯拉夫主义"和"西欧文化"这两大文化派别的激烈论战。两种文化思潮的持久战不时或明或暗地显现在俄罗斯的许多著名小说中，如19世纪屠格涅夫和20世纪安德烈·别雷的代表作。两种思潮谁也无法说服对方，这种状况一直持续到20世纪。不过，陀思妥耶夫斯基在《俄罗斯文学论文集》中指出了天才普希金的世界意义和全人类意义，认为普希金那宽宏的心胸能够包容其他民族的天才。陀思妥耶夫斯基这样感叹：普希金要是能够活得更长久些，换言之，倘若对俄罗斯文化有巨大影响力和感召力的文学上的"彼得大帝"普希金在世，这种旷日持久的民族文化大战或许可以避免。确实，陀思妥耶夫斯基的假设是有一定道理的。在后来受普希金精神熏陶并真正理解他的艺术家那里，如在俄罗斯音乐巨人柴可夫斯基的创作中，这种文化冲突确实是不存在的。听众感觉柴可夫斯基的音乐已经具有了西方音乐的特点，超越了自己的民族传统，与世界音乐的发展潮流一致。而西欧的听众感觉柴可夫斯基的音乐是最具有俄罗斯民族风情的音乐。很明显，柴可夫斯基在音乐创作领域继承了普希金的文化传统，从而使民族内部那种看似难以融合的文化对立和碰撞问题妥善地得到了解决。

19 世纪以来，"道德问题"或"道德探索"一直是俄罗斯小说最重要的主题之一。毫无疑问，普希金堪称这一叙事主题的开创人。他的著名叙事长诗《茨冈人》《强盗兄弟》，特别是传世名篇《驿站长》，都严肃地探索了这一重大主题，充分表达了他的人道主义情怀。以往我们对这些名著主题的理解，大都偏重作家对社会阶层压迫的抨击和批判，不可否认，这种解读的确能从文本中找到依据，也有其积极的社会意义，但我们还应该进一步开掘这些作品主题的丰富内涵。如果历史地、客观地来理解普希金的思想境界，我们是否可以更多地从"道德"的层面来理解这些作品的主题呢？《强盗兄弟》讲述了一个忧伤的故事，一个令人痛苦的悲剧，作品在鞭挞逼迫劳动者落草为寇的黑暗社会的同时，也多侧面地刻画了主人公的性格，揭示了他们由良民成"盗贼"后复杂矛盾的心理，展现了良心

丰坦卡河上的伊兹玛依洛夫桥（1810 年）

俄罗斯文化之魂——普希金

未泯的劳动者心灵的剧烈痛楚和对新生的渴望。普希金的确同情主人公的不幸遭遇，但是也毫不留情地否定了他们的愚昧和违心选择。这正是作品积极的道德力量之所在。当我们阅读20世纪苏联作家舒克申的《红莓》等作品时，不难感觉到普希金对俄苏作家在同类主题上的久远影响。深刻的道德探索更加突出地表现在普希金的《别尔金小说集》最优秀的代表作《驿站长》中。女主人公冬妮娅出身贫贱，心地善良，却也羡慕富贵的生活，她心态的改变反映了19世纪初俄罗斯社会风气变化的某些侧面。古老的传统道德在物欲横流的生活风气冲击下松动了它的基石。冬妮娅思想感情的转变可以看作是传统道德失落的一种典型象征。她虽然眷恋养育她多年的父亲，却也经不起都市贵族生活方式的诱惑，终于弃别相依为命的老父亲，跟贵族军官私奔而去。在普希金的心目中，冬妮娅抛下的不仅仅是苦命的父亲，而且是人类最珍爱的亲情。面对荣华富贵的诱惑，冬妮娅没能守住自己的精神防线，在普希金的心中成了传统美德落败的可悲象征。普希金对这种现象极为痛心。实际上，在普希金看来，贵族欺压下层小人物的现象固然可恶，应该抨击，但亲情的丧失和美德的湮没却让人更感心痛。普希金似乎在用这个故事拷问每一个读者：在圣洁的亲情和世俗的物欲之间，你会做出怎样的抉择？

面对种种诱惑能否依然故我？由此可见，《驿站长》的道德批判更具有震撼人心的力量，它具有更为普遍和深远的人道主义意义。普希金时代以降，无数的俄罗斯优秀作家秉承先辈的优良传统，从未间断对社会道德问题的孜孜探求，写出了许多传世精品，正是普希金深化了俄罗斯道德文化的探索。而今回首往事，《驿站长》被称为俄罗斯同类主题创作的开山之作，应是当之无愧的。

众所周知，普希金向俄罗斯文学宝库贡献了许多光彩熠熠、清新可人的女性形象。回顾千年俄罗斯文学史，我们不难发现，普希金是第一个正确认识和评价妇女社会价值的伟大作家。他的前辈，如卡拉姆津等，虽然在文学作品中反映了俄罗斯妇女受压迫、遭歧视的悲惨境遇，对她们寄予了一定的同情和关切，但总的来说，在俄罗斯没有一个作家像普希金那样重视这一具有世界意义的社会问题，更谈不上积极地评价妇女的社会价值和作用。作为一个具有博大的民主意识的诗人，普希金认为，妇女应当拥有社会的一切权利。他在作品中高度评价妇女的思想境界及能力，颂扬她们的抗争精神。他让《罗斯拉夫列夫》的女主人公放声呐喊，争取自己应有的权利。诗人要凭借文学的力量改变妇女天生就是家庭劳动的主角或舞会的装饰的世俗偏见。他认为，低估妇女的理解力或把她们排斥在"重要题目"之外，是缺乏礼仪的表现。普希金的这些正确见解来自他对生活的观察和了解，来自他对生活事实的尊重。他早先对俄罗斯妇女特别是知识女性的思想和理智了解较少，后来在与她们的交往中，特别是聆听了希特罗沃夫人、沃龙佐娃、拉耶夫斯卡雅和凯恩夫人等不少知识女性的优雅言谈之后，他不仅转变了自己的看法，甚至因此还加深了对俄罗斯的感情。他还意识到，妇女的解放最终有赖于俄罗斯整个民族的解放。普希金笔下的女主人公不仅与男主角平起平坐，而且她们的形象往往比男主角更具光彩：执着而勇敢的"上尉的女儿"玛丽娅最后变成青年军官的拯救者；塔吉雅娜成为俄罗斯妇女的心灵偶像。这些都艺术地表达出普希金对妇女的优秀品格和才能的诗意理解。

普希金从民族生活和社会重大事件中发掘并独创出俄罗斯叙事文学的全新典型。从"奥涅金"中走出了莱蒙托夫的"毕巧林"、赫尔岑的"别尔托夫"、屠格涅夫的"罗亭"、冈察洛夫的"奥勃洛摩夫"；从"波琳娜"（《罗斯拉夫列夫》的主人公）中走出了托尔斯泰的"皮埃尔·别祖霍夫"；从渴望理想婚姻却又苦守封建道德的"塔吉雅娜"身上变异出大胆追求个人幸福的"安娜·卡列尼娜"；从《黑桃皇后》的"盖尔曼"中走出了陀思妥耶夫斯基笔下众多灵魂出窍的复杂个性。普希金未完成的小说《罗斯拉夫列夫》对托尔斯泰的《战争与和平》具有巨大而深远的影响。托尔斯泰作品中的某些重要母题、人物原型，甚至情节和情境，都可以说直接来自普希金的小说构想。熟悉普希金小说的读者不难从皮埃尔的思想和言行中发现波琳娜独具个性的身影。皮埃尔潜入法国侵略军占领的莫斯科伺机刺杀拿破仑的壮举以及莫斯科居民遥望和议论莫斯科大火的情景，就直接脱胎于普希金这部构想深远的未完成的小说。在俄罗斯文学中，以知识分子的眼光和视角去观察体验战争，这个原创的版权当属于普希金。《安娜·卡列尼娜》与《叶甫盖尼·奥涅金》也有着深厚的血缘关系。苏联著名文艺学家艾亨鲍姆甚至认为，托尔斯泰的这部家庭伦理小说（原名《两种婚姻》）就是对普希金那部诗体小说的艺术回答。托尔斯泰在 19 世纪 70 年代曾经发自内心地承认，许多艺术技巧是从普希金那里学会的，普希金完全就是他的创作之父，所有的俄罗斯作家都应该向普希金学习。托尔斯泰的感激之情和号召，令人信服地表达了一代文学巨匠与俄罗斯文学之父之间文化基因沿袭传承的关系。

普希金作为卓越的诗人，他的叙事散文同样充溢着丰富饱满的诗情，确立了叙事散文的情感化和抒情化。在这方面普希金继承了卡拉姆津感伤主义的散文创作传统，并加以发扬光大。无论是写景状物营造故事发生的氛围，还是描绘人物的心理状态，普希金的话语总是饱含着动人情愫。他常常把看似平淡无奇的自然现象和司空见惯的生活情境赋予诗意，正如别林斯基概括的那样，他能为最"散文化"的对象增添诗意。别林斯基这里所说的"散文化"指的是"随意、缺乏情节联系从而也就枯燥无味"的那种属性。普希金总是以诗情去领悟自然现象和社会生活。他的叙事总是浸润着或浓或淡的情愫。驿站的感伤、传奇的忧郁、复仇的激荡、"多余人"的失落、农民英雄悲壮苍凉的情怀，弥漫在娓娓的叙述中。众所周知，普希金是从"诗歌王国"走向"散文天地"的，所以，他的叙事创作大都蕴含着浓浓的情韵，也就不足为奇了。但是，普希金叙事创作中的情感因素不仅仅是为了抒发感情，它还具有叙事上的独到功用：有的是为了塑造人物性格，有的是为了推动故事情节，有的是两者兼有，例如《上尉的女儿》中着意描写普加乔夫的悲壮情怀就有这两种叙事功效。作者两次让读者去体味这位农民领袖的悲壮豪情，欢宴上的"纤夫之歌"和"苍鹰的寓言"既突出了普加乔夫坚毅无畏的性格，同时又向读者暗示出一个命定的慷慨就义的豪迈结局。在叙述过程中的抒情或散文话语的情感化使叙事化本身平添了意趣和张力，更加鲜活生动。特别应该指出的是，普希金的情感总是一种正直而又高雅的情感，脱离了世俗生活的低级趣味。在普希金心中，不是任何"绝对"隐情都可以一味表露和咏唱。

普希金作为一个具有深邃历史意识和丰富灵魂的文学家，他的创作视角既面向广阔的社会和时代，又面对复杂的个人隐秘心境，因此他的叙事作品也就同时蕴含着史诗意识和内视角的史学倾向。读者在《上尉的女儿》《青铜骑士》《罗斯拉夫列夫》《彼得大帝史》等作品中不难领略到这位俄罗斯伟大文豪的史诗情节，也能在《驿站长》《黑桃皇后》《射击》等叙述佳作里洞悉19世纪初叶俄罗斯社会各种人物的内心世界。

值得一提的是小说《黑桃皇后》，过去批评家只是将它理解为一篇既有魔幻叙事色彩又有讽刺意味的"现代型"小说，而新俄罗斯评论家却将它解读为新历史主义小说。这篇传奇小说的故事原型来自普希金的朋友的一段奇特打牌经历。小说中的主人公格尔曼是一个已经俄罗斯化了的德国人，他为人虚伪，城府很深。格尔曼虽然家境一般，但野心勃勃，总奢望以投机取巧或冒险的方式一夜暴富。他听说圣彼得堡有个老伯爵夫人掌握了三张神秘的反输为赢的扑克牌的秘密，就深夜潜入老伯爵夫人的卧室，逼迫老夫人说出了那神秘的玄机，而老夫人因为受到惊吓而毙命。格尔曼掌握了秘密后就去牌场一试身手，让他万万没有想到的是，前两次他都如愿以偿，但当他第三次押牌时，他手中的扑克牌竟然魔法般地变成了酷似老伯爵夫人的一张黑桃皇后牌，望着他狰狞而嘲弄地笑着，于是这一次，格尔曼输了个精光，他因此而精神崩溃。普希金把格尔曼的外形描写成拿破仑的样子，又把他的职业定为工程师。当今俄罗斯的一些批评家据此将普希金的这篇小说看成是一篇新历史主义的创作文本，认为作者是借这篇传奇小说来讥讽篡权夺位的沙皇亚历山大一世谋杀保罗一世的历史悬案。亚历山大一世的外形，特别是脸型酷似拿破仑，而保罗一世又是在圣彼得堡壁垒森严的工程堡里神秘遇害的。这些作品细节与历史事件的某些直接或间接的契合点就成了现代批评家联想解读普希金叙事的依据。

　　19世纪俄罗斯小说的心理分析是一大特色，陀思妥耶夫斯基被尊为心理现实主义的大师，托尔斯泰的"心灵辩证法"提升了俄罗斯小说的哲学高度。其实，俄罗斯心理分析小说的先河也是普希金开辟的。《别尔金小说集》中的《射击》就是普希金写得极为精练的心理分析小说。作品的素材来自普希金的一段经历。有一次，他与别人决斗，在这生命攸关的时刻，对手竟然表现出无所谓的样子，这让普希金记忆深刻。小说的主人公西尔沃是一个精神复仇者，他在一次与伯爵的决斗中受到了嘲弄，伯爵在他举枪射击时，竟然在慢慢悠悠地吃樱桃，对他极为蔑视。于是，他卧薪尝胆，苦练射击本领，潜心等待机会，为的是要在精神上彻底击垮对手。决斗在沙皇俄国时代的贵族阶层司空见惯，意气用事的决斗者往往考虑的是如何击毙对手，以赢回面子。这样的决斗不过是一时斗气，缺乏精神内涵，常常暴露贵族子弟的无聊和精神空虚。西尔沃在决斗的最初时刻，虽然也是由于狭隘的复仇动机，但举枪瞄准的那一瞬间，对方无所谓的嘲弄神态让他改变了初衷。普希金把自己当年的一段经历和心态写进了作品里。普希金在那次决斗中没有向对手射击，但也没有与他和解。小说中，西尔沃在还击的那一刻也放下了手枪。他想，既然伯爵拿自己的生命不当回事，向他射击就没有意义。于是，一个可怕的念头在西尔沃的脑海里出现：他要等待时机，一定要等到伯爵渴求享受人生的那个时刻再去找他复仇。此后，西尔沃隐居在一个偏僻的小镇，一住就是 6 年，练就了超人的好枪法，也等到了复仇的"绝佳"时机。当他得知伯爵正值新婚宴尔，沉浸蜜月幸福时，就突然出现在伯爵面前。这个复仇的经过格外特别。西尔沃先是使用了他 6 年前保留的还击权利，他举起手枪，黑洞洞的枪口对准了伯爵的头颅。而今的伯爵早已不是当年的纨绔少年，面对致命的枪管，他的心颤抖了，他更害怕新婚妻子看到这恐怖的一幕。西尔沃终于目睹伯爵的心灵忍受着恐惧的煎熬。时间一秒一秒地过去，每一秒钟都好似一颗钻心的子弹，残酷地敲击着他的神经。可是，西尔沃最终没有扣动扳机，看到对手精神垮塌，看到对手的"恐慌"，他在心理上已经获得了极大的满足。这一次，西尔沃又放下了枪，他感觉，此时真的开枪，并不是真正意义的决斗，应该让良心去审判伯爵。西尔沃此刻追求的仍然不是在身体上击垮对手，除了在精神上战胜对手外，他更需要一个公正的结局。《射击》这部小说充分显示了普希金刻画人物心理和营造故事悬念的高超叙事技巧，小说的故事悬念可以说是贯穿全篇。主人公西尔沃一出场，就给人以极大的神秘感，普希金用十分精练的文字渲染出这个人物潜在的威力。冷峻的性格和神奇的枪法都吸引读者怀着好奇心关注主人公的身世之谜和未来的命运。小说的几个情节结局都出人意料。一个悬念的结束又引出下一个悬念的开端，一环紧扣一环，西尔沃的身世和内心世界就在这环环相连的解密过程中得以展现。

普希金在《尤里·米洛斯拉夫斯基，或 1612 年的俄罗斯人》这篇文学评论中指出："在当代，我们将 poman 一词解读为在虚构叙述中发展起来的历史时代。"他生前曾经有一个创作历史小说的计划。他的叙事长诗《青铜骑士》《波尔塔瓦》，历史剧《鲍里斯·戈东诺夫》都具有深刻的历史主义。中篇小说《上尉的女儿》的历史观更迥异于一般的贵族文人之作。这部小说集传奇故事、家庭纪事和历史事件于一体，但绝不是一个各种文体大拼盘。他的艺术逻辑的重音落在史诗构想上。在小说里，主人公的传奇经历只不过是提供描绘历史事件、表达作者历史观念的故事框架，普加乔夫农民大起义才是这部小说叙事的中心内涵。普希金叙事作品的史诗化特征来自他一贯的历史意识。史诗意识不可简单化地理解为只描写重大的历史事件和历史现象，更重要的是要透过某些历史事件和现象揭示那个历史时代的特征与本质。普希金叙事作品的史诗化特征通常表现为只用一两个典型具体的历史情境或象征物就烘托出作品的历史氛围，以小见大，见微知著。例如，《青铜骑士》以当时的新闻报道和水文资料为依据，展示和渲染圣彼得堡洪水滔滔的恐怖景象。彼得大帝的青铜塑像更是具有史诗性质的历史符号，它喻指沙皇专制社会的冷酷无情和令小人物难以抗拒的威力。而以圣彼得堡为象征的近代俄罗斯正是在这种冷酷和威力的驱使下由民众苦难堆积而成，普希金仅仅以水灾场景与青铜塑像这两种意象，就凝聚出深沉而久远的历史氛围，展现了一幅凝重冷峻的史诗画卷。普

俄罗斯文化之魂——普希金

希金叙事作品的史诗化就是这样简约而准确。

　　普希金不仅关注彼得大帝改革、普加乔夫暴动和十二月党人起义这样的重要历史事件，描绘广阔的民族历史进程，同样也透视俄罗斯人内心丰富而复杂的秘密，刻画他们隐秘的内在寰宇。诗人的心理描写独具特色，自成一家，从外部形态来看，他的心灵探索不似后来的心理描写大师那样丰厚而细腻，但同样具有独特而高超的艺术水准，值得细致品味。普希金对人物的心理观照与展现极为简练，通常是引导性的。他往往通过人物的言行、环境特征的描

圣彼得堡大剧院，画家卡多尔创作于 1825 年

摹和暗示，启发读者去揣摩主人公的心理状态，猜测他们的心路历程，想象隐藏于"冰山"下面的那些光怪陆离、五彩缤纷的另类宇宙。可以将这类心理描写概括为启发式或引入式心理探寻，就好比作者给读者稍稍打开主人公的内心之门，请他们亲自去探究。于是，一代又一代的读者就跟着塔吉雅娜进入留下奥涅金心理轨迹的书房，在西尔沃弹痕累累的墙壁上，在格尔曼疯狂的梦境中，探测主人公们内心海洋的沟壑暗礁。而且，对主人公内在宇宙的这种探寻仿佛架设了一座潜在的暗通的新桥，它可以让一个主人公的心灵走入另一个主人公的心灵。由此可见，这样的心理描写还具有一箭双雕的艺术效果。例如，读者正是从丽莎薇塔（《黑桃皇后》的女主人公）回味格尔曼来信时的内心感受中洞见后者这个疯狂人物的精神世界。特别应该指出的是，普希金的这种心理描写往往又具有引人入胜的悬念性质，从而使他的叙事作品读起来心弦紧扣、妙趣横生。

在世界文学宝库中，俄罗斯文学素以奉献经典史诗著称，19 世纪的《战争与和平》和 20 世纪的《静静的顿河》令众多的读者顶礼膜拜。俄罗斯文学同样还以独创"心灵辩证法"和"复调小说"而称雄世界文坛。洞悉、揭示人物深层而繁复的内在世界是俄罗斯许多经典叙事大师的艺术擅长。而在俄罗斯这两种诗学长河遥远的源头，都可以发现普希金这位艺术大师高大的身影。

普希金在语言形式方面崇尚的最高诗学原则可以用一个词来概括——简明。这个原则特别充分地体现在以《别尔金小说集》为代表的小说创作中。正如普希金学专家斯洛宁指出的那样："在最大表现中手法的集约和节俭正是普希金叙事散文的第一个基本的规律。"俄语中的"散文"通常是指叙事创作，其实，这不仅仅是普希金提倡的散文创作法则，更是他本人叙事创作最稳定的修辞特点。鲜明、准确、简洁和修辞结构的极度纯朴，有意识地弃绝任何种类的修辞装饰，描写手段简约而又不失表现力，乃是普希金叙事创作最基本的话语特征。这个特征是他从自己所钟爱的民间文学中学来的。不难发现普希金的诗学观念与他的社会意识具有内在的一致关系。他善于在简洁中展示复杂，往往只用三言两语，人物的音容笑貌、性格特征、故事的来龙去脉就跃然纸上，活现眼前。他对于形容词似乎格外吝啬，仿佛稍微多余一点修饰和形容都会损害意义的表达。普希金认为，除了"思想加思想"，再漂亮的词语也没有任何用处。这种文艺观深刻地影响了托尔斯泰，俄罗斯杰出的文学大师都反对"为艺术而艺术"的文艺观。普希金的叙事创作虽然篇幅不长，行文简洁，却几乎都闪现出思想道德的火花。散文不似诗歌，天然地缺乏内在的修辞约束，因而，这种文体更加需要创作者自觉地精简言辞。普希金身体力行，他的行文完全是"清水出芙蓉，天然去雕饰"。他的许多后继者都十分推崇这种朴实而清纯的文风，果戈理称赞普希金笔下的现实甚至比现实本身更加纯朴，托尔斯泰形容普希金的小说像赤子一般，而屠格涅夫则奉劝"巴扎洛夫"们少说些漂亮词句。

普希金虽然是远离我们的外国古典文学家，但是，俄罗斯文豪的创作法则对于今世渴求叙事要领的文学新人仍是弥足珍贵的箴言。

悲情的结局

彼得一世青铜塑像及参政院广场（1820 年）

俄罗斯文化之魂——普希金

经历了放逐和漂泊的普希金已经年届 30 岁了。1830年普希金写的《哀歌》流露了他当时复杂矛盾的心绪："激情岁月的欢娱已经平息,它像混沌的沉醉让我感觉压抑。可是,往昔的时日好比美酒佳酿,在我的心里愈久远愈清晰。我的人生之路疲惫萎靡。未来翻滚的大海向我预示着辛劳和苦役。啊,我的诸位友人,可是我不想死去;我想活下去,以继续思索和忍受苦役。于是,我知道,在痛苦、忙碌和惊扰的间隙我还能享受欢娱。我又时常沉醉和谐,泪洒那虚构的传奇,或许在我忧郁的暮年将闪现爱情惜别的笑意。"诗人虽然历经多年的生活磨难,时而感觉生活沉郁,但生命之火,尤其是对文学创作的热情和对美好恋情的期盼,还在他心中炽烈燃烧。他对单身生活颇有些厌倦了,这倒是实情。他对友人普列特尼约夫说,他感到苦闷

普希金夫人纳塔丽娅，画家加乌创作于 1842—1843 年

　　和忧愁，一个 30 岁单身汉的生活要比一个 30 岁赌棍的生活还要糟糕。同时也看得出，普希金已经热烈渴求正常和谐的家庭婚姻生活了。

　　1830 年，普希金与莫斯科的第一美人纳塔丽娅·尼古拉耶夫娜·冈察洛娃结为伉俪。他们俩是在两年前的一次舞会上相识的。那时，在莫斯科市中心的特维尔街街心花园的伊奥格尔舞厅经常举行贵族舞会。出席舞会的纳塔丽娅身穿白裙子，头戴金色的发箍，她的含蓄和美艳深深打动了多情的诗人。普希金在整个舞会上都目不转睛地看着这个绝色美人。当时纳塔丽娅年仅 16 岁，天生丽质的她不仅风姿绰约，而且精于舞蹈艺术，还有她那动人的法语使人无不佩服。美丽聪慧的纳塔丽娅无论在古都莫斯科，还是在新潮的圣彼得堡，都引领了上流社会的妇女时尚。普希金完全为她的美韵所倾倒。有一次，普希金开玩笑地对友人讲，与纳塔丽娅谈恋爱已经是他的第 113 次恋情了。尽管普希金是一个风流的才子，但是，他是一个真诚的情人。对纳塔丽娅，就更加真挚。因为，诗人再也不想做感情的流浪汉了。回想起在父母身边"可怜"的童年时光，皇村学校几年不能回家的集体生活，南俄流放，米哈伊洛夫斯科耶的软禁，"解禁"后在各地的旅馆生涯……身心疲惫的诗人太想有个家了。然而，纳塔丽娅的母亲，一个破落庸俗的贵妇，是典型的市侩，非常看重未来女婿的财富。她对仕途不佳、收入欠丰的普希金的求婚，起初是根本不同意的。她除了嫌普希金不够富有外，尤其对他的政治倾向十分担心，觉得这个年届 30 岁的诗人不可靠。美少女对普希金的钦慕和热爱也无所谓，几次拒绝立刻成婚。这迫使普希金请求尼古拉一世当着纳塔丽娅父母的面给自己平反，沙皇却利用这个机会加紧约束叛逆诗人。普希金被纳塔丽娅拒绝后，就去了南俄的阿尔兹卢姆，但他始终没有放弃求婚的努力。

　　普希金婚事的转机主要是靠朋友的鼎力相助。关键人物就是普希金的好友维雅捷姆斯基公爵。一次，在莫斯科总督戈利钦公爵的家庭舞会上，维雅捷姆斯基碰到纳塔丽娅，劝说姑娘接受普希金的真情，而且还请与冈察洛娃家族亲近的近卫军骑兵团长鲁仁去她家为普希金美言。于是，纳塔丽娅的家人才转变了态度，接受了普希金的求婚。诗人经过近两年的努力追求和友人的帮助，美梦终于成真。

　　1831年2月18日，普希金和他的心上人纳塔丽娅在莫斯科尼基塔大门附近美丽的老教堂里举办了婚礼。纳塔丽娅嫁给普希金时只有19岁，而普希金刚过而立之年。度完蜜月后，普希金夫妇搬到圣彼得堡郊外的皇村小住。普希金对皇村格外钟情，这里是他成名的地方，是他文学之梦放飞的地方。他的师友茹科夫斯基等常常在此消夏避暑。普希金喜欢在皇村创作，更愿意与后来的皇村学生交流谈心。普希金风趣地将这些在读的皇村学生叫作"皇村子孙"。就在这年金秋，他和茹科夫斯基有一个创作之约，他们两个人搞童话写作竞赛，结果普希金写下了许多传世的童话故事。

在此期间，普希金有时也回到圣彼得堡市内，借住在丰坦卡运河边朋友家里，那里离圣彼得堡著名的夏园很近。夏园修建于彼得大帝时代，园内至今保留着彼得大帝的小楼。普希金对这处园林格外喜欢，经常去园中散步，约见茹科夫斯基、克雷洛夫、维雅捷姆斯基、奥列宁和普列特尼约夫等文坛友人。他把夏园简直当成自己的后花园了，每天早上起来，披着睡衣就进园里散步。有时午休也在夏园里，而且常常就坐在园中椴树下的长椅上忘情地读书和写作，就像在自己的家里一样。历经生活和情感磨难的普希金显然感觉到他早已青春不再了，更加渴望夏园里这样的宁静。对夏园周边环境的熟悉，使他后来在创作与圣彼得堡有关的作品时得心应手。

　　普希金和纳塔丽娅婚后生育了四个孩子，他们分别是大女儿玛丽雅、大儿子亚历山大、小儿子格里高利和小女儿纳塔丽娅。普希金特别喜欢他的大女儿玛丽雅。而他的小女儿小纳塔丽娅，不仅继承了母亲的芳名，甚至完全继承了母亲的美丽基因和气质，仿佛莫斯科和圣彼得堡的第一美人的完美转世。据说，后来的俄罗斯大文豪托尔斯泰第一次见到小纳塔丽娅时，就像普希金初识纳塔丽娅的情境一样，也为少女的美貌震撼。托尔斯泰《安娜·卡列尼娜》的女主人公安娜外貌的刻画就是以普希金小女儿纳塔丽娅为原型的。婚后，他们最初的家庭生活还是平静的，但是随着蜜月的流逝，平静的生活开始出现波折。

　　说来有趣，冈察洛娃的家族虽然不像普希金家族那样显赫，倒也是俄罗斯古代的大户人家。她的先祖起源于北方的卡卢加省，生产和经营麻布，开了一个工厂。到了彼得大帝时代，冈察洛娃家族的产业就很有规模了，开始制造船用风帆，他们的产品不仅在俄罗斯销售，甚至还向英国出口，英国舰队曾经大量订购"冈察洛夫牌"的风帆。据说，彼得大帝与冈察洛娃的祖辈有书信往来。到了 19 世纪初叶，冈察洛娃家族的产业已经处于半破产的状况。纳塔丽娅在娘家受过一些教育，掌握法语，知晓礼仪，这是她那个时代俄罗斯贵族的时尚。她品格的最大优点是直率和真诚。正因如此，普希金除了爱她，也非常信任她。虽然天仙般的纳塔丽娅爱恋着天才普希金，但这个美人对丈夫视为生命的文学艺术事业却毫无兴趣，几乎不读他的诗歌名作。尽管普希金的许多情诗是为她而作，普希金也从来不跟自己的爱妻谈论创作计划或者交流阅读体会。尽管有这样一个出色的文学家丈夫，纳塔丽娅却根本没有想过向他学习，提高审美素养。当然，普希金那丰富的藏书，她也不会细心浏览。有一次，普希金在外地写作，需要一些藏书，就写信让纳塔丽娅到书房的长书架上找"四本蓝色封面的书"请人捎来，他连那四本书的书名都不说。因为普希金知道，说了也没用，妻子根本不熟悉这些书名，还不如直接告诉她书皮的颜色更易找到。纳塔丽娅热衷的只是宴会和舞会。自从好虚荣、爱交际的纳塔丽娅闯入普希金的生活后，使并不宽裕的普希金在经济上更加拮据。他微薄的俸禄难以满足妻子讲究排场、生活豪奢的需要。本来，他可以靠稿费补贴亏空，但喧嚣的环境让他越来越难以安静地写作。普希金承认，他与纳塔丽娅的婚姻是命中注定的。他为了这桩婚姻牺牲了自己最珍视的自由。普希金常常不得不花费许多宝贵时间来陪伴妻子参加社交活动，到友人家做客，出席节日庆典，参加无休无止的舞会。而每当纳塔丽娅在舞会上尽情跳舞时，普希金只能孤独地在大厅里无奈地徘徊。果戈理回忆说，有段时间哪儿都碰不到普希金，除了在舞会上。果戈理显然心疼自己导师荒废的时光，为他的处境深深忧虑。纳塔丽娅就是这样在不断的欢娱中消磨时光。普希金这才感到，与纳塔丽娅的结合并不如他婚前料想的那样美好。普希金在给莫斯科友人纳晓金的一封信中抱怨说，他婚后的生活颇为尴尬，他很怀念他的单身生活。妻子是个追求时髦的人，这就需要大量的钱。而要达到这个目的，就需要更多的创作劳动，而创作恰恰需要隐居。他渴望精神和身体的远游，想远离圣彼得堡。于是，1836年的夏天普希金在圣彼得堡郊外的石头岛上租了一套别墅。更使诗人头痛不已的是纳塔丽娅身边经常围着一群追求者，其中竟有沙皇尼古拉一世。这个可耻的暴君为了能经常在舞会上一睹美人的风采，竟让30多岁的普希金充任宫廷少年近侍，而这种职务一般只派青少年担任，普希金为此深感耻辱。尼古拉一世常常召普希金夫妇到阿尼奇科夫宫参加皇室舞会。显而易见，他的爱妻纳塔丽娅轻浮而风流的秉性和沙皇别有用心的"关照"已在暗中为普希金铺下一条通往死亡的道路。

在一次家庭宴会上，纳塔丽娅结识了法国驻俄罗斯公使馆随员乔治·丹特斯男爵。丹特斯生于1812年，他并不是纯粹的法国人，他的家族来自莱茵河上游的苏尔茨小城，因此，在丹特斯的体内更多地流淌着日耳曼人的血液。他曾经在圣西尔军校受训，1830年后来到俄罗斯。德国威廉王子将他推荐给在俄罗斯军事部办公厅任职的德籍官僚冯·安德勒伯格。在老乡的帮助下，1834年，丹特斯混上了骑兵团的小官，随后他又结交了不少俄罗斯宫廷内外的达官贵人，不久就成为圣彼得堡上流社会的宠儿。他很善于博得名媛淑女的好感。其实，在1833年前往俄罗斯的途中，他偶然结识了荷兰驻俄罗斯公使荷克恩，并在三年后成为他的养子。于是丹特斯就住进了涅瓦大街上的豪宅，通过荷克恩，丹特斯又有机会接近了普希金家族。19 世纪20 年代初期，荷克恩就到俄罗斯任外交官，其真实身份是间谍，也秘密地搞点投机生意。圣彼得堡人对他的生活知之甚少。1830 年新年旅行途中荷克恩与普希金相识。在奥地利公使的沙龙聚会中，荷克恩将自己的养子介绍给普希金。丹特斯本就是一个外表迷人而内心肮脏的小人。普希金最初被他迷人的外表所迷惑，而纳塔丽娅也被这个优雅的外国帅哥深深吸引。丹特斯也为圣彼得堡第一美人纳塔丽娅的绝色天香陶醉，这个浪荡公子开始不停地在各种场合寻找各种机会接近纳塔丽娅姐妹。一来二往，丹特斯似乎成了普希金家族的"友人"。起初，普希金对丹特斯向纳塔丽娅大献殷勤并不特别在意，有时还被丹特斯的俏皮话逗得哈哈大笑。丹特斯渐渐变得肆无忌惮起来，在追求普希金的妻妹叶卡捷琳娜的同时也不断与纳塔丽娅调情，进而发展成公开追求普希金的爱妻。他们频频相聚，后来，竟然在普希金的面前也无所顾忌地公开调情。普希金渐渐对此忧心忡忡。一时间，京城上流社会里有关普希金爱妻与丹特斯秘密恋情的流言蜚语不胫而走，它们像恶魔一样折磨着普希金的神经。贵族们也在关注普希金的反应。卡拉姆津娜在一次舞会上注意到，当丹特斯与纳塔丽娅一起翩翩起舞时，普希金总是显得忧郁。他不安的目光追随着他们的身影，注视着这不祥的浪漫。由于纳塔丽娅的暧昧，丹特斯更加肆无忌惮，连某些贵族人士都觉得他的举止违反了上流社会的社交规则。当然，普希金的善良和对妻子的过于宽容也促成了后来悲剧的发生。关心普希金的朋友责备普希金允许自己的爱妻在没有夫君陪伴的情况下出席舞会。而一些曾经受到普希金批评和嘲讽的达官贵人对普希金尴尬不幸的处境幸灾乐祸，并且放肆地羞辱他。普希金虽然相信妻子的忠忱，但他在圣彼得堡的处境越来越艰难。1836年的春天，普希金收到了一封侮辱他人格的匿名信。信中以极其下作卑劣的话语羞辱普希金，将他比作利用妻子巴结亚历山大沙皇的无耻宠臣纳雷什金，声称"一致选举亚历山大·普希金为绿帽子副大臣"。这封恶毒的信件终于迫使普希金走上了决斗的悲剧道路。普希金知道他的直接对手是丹特斯，这封下作的匿名信绝对与他有关。普希金的忘年交茹科夫斯基得知普希金要和丹特斯决斗的消息后，焦急万分。经过他的斡旋和干预，普希金终于同意放弃决斗，但是他和丹特斯的紧张关系并没有因此缓和。

1837年1月初（俄历），丹特斯和普希金的妻妹叶卡捷琳娜结婚。普希金没有出席他们的婚礼，而且对朋友宣称，他根本不想见到丹特斯，甚至听到这个名字就恶心。可是，纳塔丽娅继续与丹特斯往来，这当然再次引起普希金对丹特斯的极度愤怒。传说，沙皇尼古拉一世也是普希金悲剧的幕后黑手。他的宪兵头目卞肯多夫明明获悉决斗之事，故意将宪兵派往另外的地点，而不去阻止悲剧的发生。

　　两人之间的决斗在1月26日就决定了。可是，普希金和丹特斯都还没有找到自己的决斗证人。于是普希金决定让他皇村学校的同学丹扎斯来充任。1837年1月27日，决斗的当天，普希金表现得惊人的平静。据说那天早上他的心情并不紧张。起床后他先是编辑《现代人》杂志，然后又给《给孩子们讲俄国史》的作者伊什莫娃写了一封信。写作一直持续到中午，然后普希金在房间里来回踱步，甚至还唱了几支歌曲。之后，就沿着莫伊卡河来到涅瓦大街附近的沃尔夫糖果店，按照约定，他要在这里与丹扎斯会合，然后一起前往决斗地。他的见证人早就等候在那里了。普希金见到丹扎斯后，两个人喝了一点咖啡，就坐着雪橇出发了。天空阴沉沉的，圣彼得堡郊外黑溪的树林里飞出了几只黑乌鸦，几辆雪橇几乎同时驶进肃杀清冷的林间空地。郊外的积雪很深，决斗者及其见证人吃力地走向预定地点。两个手握左轮枪的决斗者开始丈量起距离。普希金的胸中翻滚着复仇雪耻的怒潮，但外表依然平静。然而，普希金却没能提防丹特斯的诡计，在他尚未到达决斗指定

普希金决斗地——黑溪附近的一座别墅（1838 年）

俄罗斯文化之魂——普希金

位置时，丹特斯突然转身向诗人射出了罪恶的子弹，血顿时染红了诗人脚下的白雪。饮弹倒地后，丹特斯想跑过来，但普希金叫他站在原地别动。普希金强忍剧痛用左手支撑着雪地，瞄准对方，向丹特斯开了一枪，但由于伤势过重，普希金没有击中对手的要害。他终于倒在雪地上。普希金看到丹特斯也倒下了，问决斗见证人，是否将丹特斯击毙，但是他却得到了令他失望的答复。原来，一颗铜纽扣救了丹特斯的命。虽然受了重伤，被击中右腹部，流了很多血，但普希金的意识还是清醒的，在人们送他回家的路上，他还给丹扎斯讲了几个笑话，普希金就是这样乐观和浪漫。

　　人们将身负重伤的普希金

普希金遗像，画家科兹洛夫创作于 1837 年

运回了他在莫伊卡滨河街的住宅，妻子纳塔丽娅在前厅见到受伤的丈夫立刻昏厥过去。就在几分钟前，她和孩子们还在等待普希金回家吃饭。人们将普希金抬进他的书房。普希金不愿意家人看见自己的伤口，就不让他们进来，只有丹扎斯和友人普列特尼约夫在他身边。家人紧急叫来了医生绍里茨和扎德列尔。普希金问医生，他的伤势要紧吗？医生非常坦率地告诉他，伤势极其危险。普希金知道自己将不久于人世，就提出了他要处理的家事和想见的朋友，特别是想见他的良师益友茹科夫斯基。茹科夫斯基在维雅捷姆斯基家里获悉这个可怕的消息后急忙赶来。前来看望普希金的还有维雅捷姆斯基夫妇、屠格涅夫、维耶里戈尔斯基和扎戈里雅士卡雅。热心人又将普希金受重伤的消息报告了沙皇尼古拉一世，但尼古拉一世很漠然。很快，著名的御医阿林德特等也赶到普希金的家中。经过仔细地检查，医生们难过地告诉茹科夫斯基，普希金伤势太重，恐怕无力回天。普希金的作家朋友兼医生达里一直守护在他身边。经过两天两夜与死神的搏斗，1837年1月29日，普希金最终还是抛下了他心爱的诗歌、心爱的祖国和人民，与世长辞了。由茹科夫斯基亲笔撰写的讣告沉痛宣告："俄罗斯诗歌的太阳沉没了。"《现代人》在讣告中宣称：俄罗斯在天才普希金生活经验、思维和学术趋于成熟，正准备全力发挥的时候，却失去了他，这是不可弥补的损失。假如命运不是这样突然地将普希金从他开创的光荣道路上夺走，他还会写出什么呢？

巨星的陨落在俄罗斯社会激起了巨大的波涛，人们被这一噩耗震惊了。在那个悲哀的 1 月里，凡是知道普希金的人们都怀着沉痛和惋惜的心情，潮水般地涌到圣彼得堡莫伊卡河畔的普希金的家中，向他们所崇敬和热爱的伟大诗人、向他们心灵的朋友做最后的诀别。人们愤怒地声讨杀害诗人的恶魔。继普希金而起的青年军官诗人莱蒙托夫写下了《诗人之死》来哀悼诗人，诗歌直指"沙皇宝座周围的一群人"是杀害"自由、天才"和俄罗斯光荣的幕后元凶。这篇讨伐刽子手的檄文迅速地传遍了圣彼得堡和整个俄罗斯。这位尚未成名的青年诗人代表俄罗斯的良知审判了杀害普希金的反动势力。1837 年 1 月 30 日，圣彼得堡出版的一份文学刊物的副刊写道："我们诗歌的太阳落下了。普希金逝世了，正值壮年的时候，在自己伟大事业的中途逝世了！我们没有力量更多地谈论他，也不需要，每一颗俄罗斯的心灵都知道这个不可挽回损失的价值，每一颗心灵都将极度痛苦。普希金，我们的诗人！我们的欢乐，我们人民的光荣！……难道我们真的失去了普希金了？……我们不能习惯这个想法！"

俄罗斯文化之魂——普希金

普希金辞世时遗像石膏面膜写生，画家茹科夫斯基创作于 1837 年

　　早在普希金去世的前一年，即 1836 年，普希金就为自己写下了诗意的"墓志铭"，这就是著名的抒情诗《纪念碑》，诗歌中预言："在通向这座纪念碑的人行道上，小草将停止生长，它高昂着不屈的头颅，超越亚历山大一世的

纪念石柱。不，我的整体将永垂不朽——灵魂在流传久远的抒情诗里比我的遗骸存在得更长并与腐朽绝缘。我将被人们颂扬，直至明月下还有一个诗人健在。整个伟大的俄罗斯都在传颂我的业绩，祖国现存的所有语言都将叫响我的名字，就是那些斯拉夫人骄傲的后辈，芬兰人，现在粗犷的通古斯人和草原之友卡尔梅克人。于是我能长久地被人民爱戴，我曾用抒情诗唤醒过善良的情感，我在残酷的世纪颂扬了自由并呼吁同情牺牲的志士……"的确，普希金的纪念碑是由他的良知、他的人道主义思想和他无与伦比的艺术才华所构成的丰碑。普希金以自己的辛劳与智慧实现了他的预言，他的声音将传遍整个俄罗斯、整个世界。

俄罗斯文化之魂——普希金

俄罗斯的文心

涅瓦河岸上的纳雷什金别墅（1820 年）

俄罗斯文化之魂——普希金

要想知道普希金在俄罗斯文化界占据何种地位，就请听听他那个时代和他之后的文学家的赞美吧！果戈理还在诗人在世时就尊称普希金为"诗歌沙皇"。普希金生前极为欣赏的诗坛后起之秀柯里佐夫在普希金遇难后就称普希金为"被射落的太阳"。当然，"俄罗斯诗坛的太阳"对俄罗斯来说是永远不落的。屠格涅夫说："普希金在那个时代对我来说，就像对我的众多同龄人一样，几乎就是半个上帝。"普希金被誉为太阳，被奉为神明，的确，普希金就是俄罗斯文坛上的太阳神。高尔基曾说，这个"太阳"照亮并温暖了寒冷的俄罗斯大地。这就是19世纪以来俄罗斯对普希金颂扬的最集中的表达。

　　将普希金喻为照亮俄罗斯文坛的太阳，既形象又贴切。太阳发出光和热，给世上万物带来生机。普希金确实

普希金参与创办的《文学报》的头版。1830年《文学报》是俄罗斯第一份大型报刊，是普希金第一个在俄罗斯将原本封闭在贵族沙龙中的文学变成了一项社会事业

给俄罗斯文学注入了空前的活力。在他登上文坛之前，俄罗斯文学家或是为帝国歌功颂德，或是吟唱个人的悲欢离合。文学成了贵族阶级娱乐消遣的玩物，它反映的生活面极为狭小，作品形式也很呆板，格调不高，感情虚假。古典主义的束缚使文坛缺少生气。普希金入主文坛之后，俄罗斯文坛面貌焕然一新。他以青春的热情和勇气，将文学从宫廷的藩篱中解放出来，把它引向广阔的社会生活之中。普希金身体力行，在自己的作品中反映现实生活，宣传时代精神。《皇村的回忆》里回响着1812年的炮声，《乡村》

中听得见劳动者的呻吟，《致恰达也夫》发出了青春的呐喊，《寄西伯利亚》展示了革命者的抗争，《叶甫盖尼·奥涅金》则包容了更广泛的社会问题。普希金赋予俄罗斯文学神圣的使命，这就是为人民而创作。他没有把自己封闭在书斋里，而是用诗歌参加社会的变革运动。因此，他的诗篇，人们争相咏读，广为流传。为了更新文学，扩大新文学的影响，他还带领一批青年作家创办新型的文学刊物。他主持的《现代人》成为俄罗斯历史上第一份集文学、艺术、经济和社会政治为一体的新型综合刊物，增强了文学与社会的联系。

普希金非常重视文学的社会作用。他认为，法律之剑不能到达的地方，讥讽之鞭必定可以到达。普希金不仅扩大了文学的容量，拓宽了它的反映面，而且丰富活跃了俄罗斯文学的词汇和表现技巧。他大量地吸收民间大众的生活口语，只要具有表现力的词汇和谚语，他都将它们纳入文学宝库。他把俄罗斯传统文学中的语言和大众口语结合起来，创造了生动活泼、优美质朴的现代俄语。他还更新了俄罗斯戏剧文学观念，主张向莎士比亚学习，注重戏剧的人民性、真实性和生活逻辑。他相信，莎士比亚的人民大众的剧作比拉辛的贵族式剧作更适合俄罗斯的戏剧艺术。在普希金的引导下，俄罗斯戏剧艺术得以振兴。普希金认为，作家的辛勤劳动应该得到社会的承认。文学家以稿费为生是天经地义的事情。虽然普希金当时的稿费收入实在可怜，1836 年《叶甫盖尼·奥涅金》的全部稿酬才区区 1500 卢布，但是，他是俄罗斯历史上第一个获得稿酬的俄罗斯作家。通过普希金的努力，文学在俄罗斯终于成为一项社会事业。俄罗斯文学同社会生活发生了密切联系，焕发出勃勃生机。在普希金的培育和影响下，一大批才华横溢的作家脱颖而出，果戈理、莱蒙托夫、赫尔岑、冈察洛夫、车尔尼雪夫斯基、奥斯特洛夫斯基、托尔斯泰、陀思妥耶夫斯基、契诃夫和柯罗连科等像璀璨的星辰在 19 世纪世界文学的天空闪烁。普希金使俄国作家们懂得这样一个真理：文学只有植根于时代与社会，才会有永恒的活力。

　　普希金对果戈理的影响最为直接。果戈理的许多传世之作其实都包含着普希金的功劳。果戈理还是一个普通学生时，就十分崇拜他后来的良师益友普希金。说起果戈理初访普希金还颇有点喜剧色彩。果戈理来到圣彼得堡后，第一个强烈的愿望就是拜见这位大诗人。当时他借宿在小海军街，离普希金在莫伊卡的住宅不远，跨过涅瓦大街，沿着运河走十来分钟就可以到达。那天，果戈理为了鼓足勇气拜访普希金，就事先跑到点心铺子喝了一杯高度葡萄酒，乘着酒劲摁响了莫伊卡 12 号大门的门铃。普希金的仆人告诉来访者说，主人还在休息。果戈理以为普希金这么晚还未起床是熬夜写作的缘故，不料，仆人坦率地告诉他，普希金昨天玩了一夜的牌。哦，原来天才也贪玩！果戈理中学时代的偶像顿时"失去了"绝对神圣的光环。虽说普希金对于果戈理不再神秘，但是普希金难以企及的才思和丰富的创作素材仍然令这个刚从乌克兰来到圣彼得堡的文学青年叹服不已。1831 年的春天，果戈理终于见到了普希金。那时这个小青年才刚刚 22 岁，但已经写出了几篇震动文坛的小说。普希金对这位青年作家也十分赏识。在普希金的帮助下，果戈理的首部小说集《狄康卡近乡夜话》顺利问世。普希金也为这部小说集所表现出的创作才华所震惊。他认为，果戈理让俄罗斯读者体会到了真正的欢乐和潇洒，作品中的语言清新自然，让俄罗斯人充分领略了乌克兰的诗情画意。后辈作家的才华让普希金感到欣慰，他觉得在这部作品中处处都有诗的元素。据说，果戈理这部作品的喜剧语言让排字工在车间里工作时乐不可支，过了一个真正的狂欢节。印刷者也在审读作品时捧腹大笑，异常开心。普希金当时对友人说，果戈理在俄罗斯社会制造的这种超级喜剧效果，大概只有法国喜剧大师莫里哀和英国作家菲尔丁才能与之媲美。

众所周知，果戈理的著名喜剧《钦差大臣》是俄罗斯乃至世界戏剧史上的经典之作。这部喜剧对俄国农奴制社会的贪婪、腐朽、无耻和虚伪进行了无情的揭露和嘲讽，充分展现了讽刺大师果戈理的喜剧才华，展现了俄国19世纪初叶戏剧创作的最高成就。当观众盛赞青年剧作家的杰出才华时，果戈理诚实而感激地坦陈：喜剧《钦差大臣》的创作构思是属于普希金的。原来，在1835年秋天，普希金从外省回到京城圣彼得堡后又与果戈理愉快相会，谈话间普希金忍俊不禁地向果戈理讲起了他的所见所闻。说是在离圣彼得堡不远的诺夫哥罗德省乌斯丘任县遇见了一个骗子，此人自称是沙皇宫廷里的大臣，到该县来巡查，结果县里大大小小的官吏乃至平民百姓的家财都被他搜敛一空。普希金觉得这件事是个非常不错的喜剧素材，与其自己来创作，不如交给更具喜剧天赋的果戈理来写更好。于是他就将这个素材慷慨地让给了未来的讽刺大师，鼓励后者立刻投入创作。为了创作好这部喜剧，普希金还"无偿转让"了另外一个素材，那就是普希金本人被地方庸官误认为"钦差大臣"的亲身经历。普希金为了写作农民起义领袖普加乔夫传记而考察南俄奥伦堡时有过一次奇遇。该市的一个名叫别罗夫斯基的伯爵忽然收到一封密函，被警告要谨慎行事，因为普希金到奥伦堡来考察并非为了搜集普加乔夫的史料，他来访的真实目的是秘密考察这个城市官吏的品行。读罢密函，伯爵等一班官吏自然心领神会。结果，当普希金抵达奥伦堡后，莫名其妙地被当作京城巡视大员，受到超乎常规的礼遇，当地官吏的阿谀逢迎和过度"热情"让他啼笑皆非。普希金感到，此次奥伦堡之旅真是"太喜剧"了。这样，这个素材也进入了果戈理《钦差大臣》故事构建的主线中。这样，一部世界经典喜剧就在普希金的指导下问世了。两位作家相识后，果戈理经常将自己的新作送给普希金，请他提修改意见。普希金也常常到果戈理的住处来欣赏青年作家的作品。果戈理有非常强烈的表演欲望，他在给普希金朗读自己的小说或剧本时，声情并茂地充任自己作品里的各个角色，而且十分投入。每当这样的时刻，普希金就像坐在剧场里一样，享受果戈理的精彩表演。有时普希金甚至从果戈理的手中接过作品，情不自禁地亲自朗读。伟大诗人培养的一代喜剧天才果戈理，为俄罗斯文学的新流派"自然派"的诞生开辟了宽广的道路。

俄罗斯小说创作的天才莱蒙托夫在 19 世纪受到托尔斯泰等后起的小说家的崇拜，托尔斯泰晚年甚至这样夸张地说，假如莱蒙托夫不英年早逝的话，他们这些后起的小说家都不必写作了。而在普希金遇难后崛起的莱蒙托夫，在小说创作方面也得益于普希金。他的《当代英雄》的结构和视角切入点深受普希金《别尔金小说集》的影响。

　　普希金与蜚声世界乐坛的俄罗斯音乐界也结下了奇妙的缘分。普希金生前与俄罗斯音乐之父米哈伊尔·格林卡友谊深厚，格林卡曾经为普希金的浪漫诗作谱曲，用美妙的旋律传颂俄罗斯诗神的声音，让普希金的诗篇乘上了歌声的翅膀，飞遍了俄罗斯和整个欧洲。《鲁斯兰与柳德米拉》正是普希金和格林卡珠联璧合的上乘佳品。普希金的长诗为这部歌剧定下了昂扬、明朗和青春浪漫的情绪基调。格林卡充分理解了普希金的积极浪漫主义精神，他精心创作的歌剧的序曲完美体现了普希金童话长诗的艺术思想精华，倾听那辉煌振奋的旋律，仿佛就看见了整个青春优雅的俄罗斯。歌剧在俄罗斯和欧洲的舞台上大获成功，长演不衰。近两个世纪过去了，歌剧《鲁斯兰与柳德米拉》的序曲早已经作为俄罗斯国家电台的标志性旋律，成为俄罗斯民族的音乐象征符号。就在辞世的两个月前，普希金还兴致勃勃地与友人一起观看了格林卡著名歌剧《伊万·苏萨宁》在圣彼得堡的首次演出。在庆祝首演成功的宴会上，普希金与维雅捷姆斯基等四人，每人写一段诗歌，共同创作了赞美格林卡的颂诗："纵情地唱吧，俄罗斯的合唱，新的作品又问世啦。狂欢吧，古老的俄罗斯！我们的格林卡，已经不是格林卡，而是一件精品。"

普希金为俄罗斯歌剧和舞剧提供了宝贵的素材，"强力集团"的代表之一穆索尔斯基根据诗人的同名创作写下了歌剧《鲍里斯·戈东诺夫》。柴可夫斯基更是将普希金的三部不朽名作《叶甫盖尼·奥涅金》《黑桃皇后》《波尔塔瓦》搬上了歌剧舞台，让世界的歌剧爱好者从俄罗斯优美的旋律中认识了塔吉雅娜、连斯基、格尔曼、丽莎薇塔、柯楚白、玛丽娅等普希金的众多著名主人公。柴可夫斯基一生创作了多部歌剧，而流传得最为广泛的作品几乎都是根据普希金作品改编的，而歌剧《叶甫盖尼·奥涅金》几乎成为俄罗斯歌剧的同义词。柴可夫斯基将普希金的小说《黑桃皇后》也搬上了圣彼得堡大剧院。《黑桃皇后》这部著名歌剧的舞台布景宏大而华丽。他的传奇长诗《巴赫契萨拉依泪泉》还被改编成芭蕾舞。这充分显示了普希金在俄罗斯音乐界与舞蹈界的极大影响力和他原创作品永恒的魅力。

　　普希金的创作对俄罗斯和苏联的电影艺术影响巨大。他的许多作品都被搬上了银幕，改编成故事片的主要作品有《黑桃皇后》《村姑小姐》《驿站长》《暴风雪》《上尉的女儿》等等。他的创作思想和诗学理论还哺育了苏联的一代著名电影导演，如爱森斯坦、杜甫仁科、格拉西莫夫等。苏联电影对世界电影艺术的重大而独特的贡献是爱森斯坦的蒙太奇理论和在这种理论指导下成功的艺术实践。爱森斯坦经常到普希金的经典中去寻找创作灵感。普希金的诗歌创作为苏联的现代电影理论提供了创作基础和创新的诗学根据。他的不朽创作始终赋予俄罗斯和苏联电影艺术诗意的灵魂。

　　19世纪初叶的俄罗斯美术界与普希金也有过亲密的关系。著名的历史题材画家、名作《庞贝的末日》的作者卡尔·勃留洛夫就是普希金的知心朋友。他们俩是同龄人，相知相敬，又在各自的文艺园地里大放异彩。19世纪30年代初，《庞贝的末日》在意大利的米兰和法国的巴黎巡展，引起巨大反响，俄罗斯的绘画成就在欧洲赢得普遍公认和赞许。1834年，勃留洛夫在圣彼得堡的帝国美术学院公展自己的这幅巨著，之后，又在英吉利滨河街的公馆里、涅瓦大街的画坊、戈斯基内德沃尔大型商场和阿普拉克欣商场以及瓦西里岛上公开展示。这些巡回展览的成功使勃留洛夫成为俄罗斯绘画界的中心人物。普希金早在1827年欣赏了《庞贝的末日》后，就专门为这幅世界美术名作创作了一首诗歌，盛赞勃留洛夫作品深邃的历史主义意识和传神的绘画技艺。1836年的春天，普希金与这位绘画大师相识于莫斯科。那时，勃留洛夫刚刚从西欧回国，对俄罗斯的寒冷和生活习惯还不适应。他到普希金的别墅拜访，他们一见如故，相谈甚欢。普希金特别欣赏他的才艺，很想带他回圣彼得堡。普希金生前的一个心愿就是勃留洛夫能为自己的爱妻纳塔丽娅画一幅肖像。传说，在决斗前不久，普希金和老朋友茹科夫斯基一起去拜访勃留洛夫，在画家的画室里，他看上了勃留洛夫的一幅新作，极为欣赏，甚至因为狂喜而流出了眼泪。普希金对大师的作品恋恋不舍，几乎跪下来苦苦哀求画家将这幅作品赠给他，无奈这幅画已经预先被人订购。勃留洛夫答应过些时日再给普希金画一幅肖像。令人扼腕的是，当勃留洛夫完成作品，已是普希金决斗受伤的次日。普希金再不能亲眼欣赏他朋友的杰作了。当举行普希金的教堂葬礼仪式时，勃留洛夫因病不能前往，他就委托画家莫克里茨基替他给普希金的遗容画像。后来伫立在米哈伊洛夫斯科耶圣山修道院的普希金纪念碑的模型也是勃留洛夫设计的。值得一提的是，K·勃留洛夫的兄弟A·勃留洛夫也是一位出色的画家，现今人们能够欣赏到的普希金夫人纳塔丽娅19世纪30年代的精美水彩肖像画就是出自A·勃留洛夫的手笔。普希金在世时经常到位于涅瓦河北岸的帝国美术学院去拜访，还参观过圣彼得堡许多美术家的创作室。海洋题材的描绘大师、著名油画《九级浪》的作者艾瓦佐夫斯基学生时代的作品就受到普希金的赞扬。每当诗人来到学院，这些未来的画家们都感到极为荣耀。风景画大师列维坦的某些著名作品也源于普希金创作的影响。1836 年，学院的一位著名雕塑家在美术学院创作室内向诗人展示了他在诗歌里经常颂扬的俄军统帅库图佐夫元帅和巴克莱元帅的塑像模型。后来这两尊著名的人物雕塑被安放在圣彼得堡著名的喀山大教堂的广场上。许多画家诸如，П·索科洛夫、O·吉普林斯基、B·特罗皮宁、Г·吉皮乌斯、Г·切尔涅佐夫、И·利涅夫和 Ж·维文都描绘过普希金的肖像，还创作了以他笔下人物、意境为主题的绘画作品。现实主义绘画大师列宾更是出色地描绘了少年普希金在皇村学校礼堂朗诵自己的《皇村的回忆》的经典场景。普希金当年参与创办的文学刊物也曾经开辟大量篇幅发表美术评论，极大地促进了俄罗斯美术进步思想的发展。普希金诗歌艺术的人民性和现实主义精神滋养了包括"巡回画派"在内的俄罗斯 19 世纪以后的美术创作。

俄罗斯的现实主义文学批评也是在普希金创作的滋养下成熟起来的。小说家和革命家赫尔岑注意到普希金创作与俄罗斯贵族革命运动的呼应关系，指出普希金正是以自己的革命诗篇初露锋芒。在这位民主主义思想家的心目中，普希金并不只是一位艺术天才，也是一位无畏的革命诗人。普希金是以充满进步思想的创作参与 19 世纪革命思想发展的。另一位民主主义文学批评的先驱别林斯基在成长过程中也得到普希金的鼓励。普希金对别林斯基的批评锐气和罕见才华极其欣赏，特别是别林斯基的优美论文《文学的幻想》给他留下了难忘的印象。他已经预见到一个未来的批评大师即将登上俄罗斯文坛。普希金曾经希望别林斯基加盟他所主持的《现代人》杂志，可惜，这份美好的心愿由于他的突然过世而未能如愿。赫尔岑的战友奥加辽夫同样也从俄罗斯社会革命的运动中解读普希金创作的伟大意义。他较早地预言了普希金作为民族诗人不仅将最终为广大民众所接受，而且作为具有世界意义的作家，像德国伟大的歌德与席勒那样，也必定在将来对世界文学产生重大影响。别林斯基是最早系统地评价普希金创作并正确指出他对俄罗斯文学和文化的历史意义的批评家，他写下了十余篇普希金创作专论。另一位英年早逝的批评家杜勃罗留波夫将普希金创作的伟大历史意义确定为艺术性与现实生活的完美结合，为俄罗斯现实主义文学开辟了坚实而宽广的道路。俄国革命民主主义者、哲学家和美学家车尔尼雪夫斯基对普希金的艺术和思想进行了深刻的剖析，认定普希金在俄罗斯是将文学提升到为民族事业服务高度的第一位文学家，为俄罗斯文学的向前发展做了精心的准备。普希金的诗学观念还是俄罗斯 20 世纪文艺理论重要的研究对象，什克洛夫斯基和托马舍夫斯基的文学理论创新都借助普希金的创作来加以佐证。普希金那形象丰富、色彩斑斓的诗歌创作促使俄罗斯形式主义理论家承认了形象思维理论的正确性。普希金对俄罗斯文明发展的贡献是如此巨大，以至于以 20 世纪的俄罗斯文化学泰斗，著名的德米特里·利哈乔夫院士为代表的文化和学术界知名人士呼吁要将伟大诗人的生日设立为俄罗斯国家法定的"祖国文化节"。

太阳是美丽的，它有七彩的光环。在俄罗斯人看来，普希金的诗歌也像太阳一样，闪耀着多彩的光芒。他写下了那么多的作品，其特色究竟是什么？这个问题历来为俄罗斯作家和批评家所重视，在俄罗斯文学史上曾经有一段趣话。1880 年，一个春风和煦的日子里，大作家屠格涅夫和阿克萨科夫在一起散步。交谈中他们不约而同地提到一个问题：普希金诗歌的实质究竟何在？阿克萨科夫一边思索，一边随口背诵起《波尔塔瓦》的一段诗，然后很自信地说："这才是真正的普希金。"谁知，屠格涅夫微笑着摇摇头说："不，这是真正的阿克萨科夫！"接着，他开始轻声地诵读起《波尔塔瓦》中另外一节诗，之后又肯定地说："这才是真正的普希金！"阿克萨科夫立即纠正道："不，这是真正的屠格涅夫。"这两位作家，一个喜欢普希金诗歌的气势博大，另一个欣赏他的温馨恬静。他们都只指出了普希金诗歌某一方面的风格特点。准确地讲，多声部才是普希金诗歌创作最显著的特色，这一特色表现在他所有作品中。在普希金的笔下，庄重与幽默、悲剧性与喜剧性、豪放与婉约、典雅与通俗等不同的风格总是有机地结合在同一作品里。他写起作品来总是得心应手地运用各种文学体裁的表现技巧。因此，他的作品内容充实、形式新颖。

　　普希金作品另一个鲜明的特色是民族性，越是具有民族特色的文学就越能成为世界文学宝库的一部分。普希金以他的创作证明了这一规律。他精通西欧文学，也经常借鉴他们的创作经验，但是他从不盲目地照搬外国的创作方法，更没有拜倒在他人脚下。在《论法国文学》一书中，他自豪地宣称："我们有自己的语言、风俗、历史、歌谣、童话等等，鼓起勇气吧。"普希金号召俄罗斯作家用俄语创作，而他自己就是这方面的模范。从他少年时的成名作《皇村的回忆》到俄罗斯现实主义的奠基作《叶甫盖尼·奥涅金》，几乎每一篇作品都散溢着俄罗斯的气味。一读起普希金的诗，就仿佛走进了这白桦林的国度。在那里可以看到茫茫雪原上飞驰的三套车、蓝色苍穹下金光灿灿的东正教教堂的圆顶和圣彼得堡上空的白夜奇观；在那里可以听见古斯里琴优美的旋律、俄罗斯姑娘的歌声和涅瓦河澎湃的浪涛声。普希金认为，向俄罗斯人民学习语言是俄罗斯作家的第一课。普希金在创作生涯中从不间断汲取民间文学的养分。一部俄罗斯 12 世纪的英雄史《伊戈尔远征记》，他读了几十遍，以至于可以从头到尾地背诵它。茶余饭后，普希金喜欢给朋友们朗读俄罗斯民歌。有民歌风格的诗，他把它们夹在他所收集的民歌里，让朋友去辨认，哪些是他仿作的，结果那个朋友绞尽脑汁也辨认不出来。这充分说明普希金对俄罗斯民族文学本质和特征的理解是何等的精深。

热诚是普希金诗歌的又一显著特征。他总是充满了对生活的热情，对未来抱有信心。他的诗歌始终保持着一种青春的激情、一种昂扬的精神。普希金对祖国、对人民怀有一颗赤诚的心。无论环境多么险恶，他为俄罗斯人民歌唱的心都始终如一。他对爱情和友谊也极为忠诚。他从不隐瞒自己的观点，也从不掩饰自己的情绪。可以说，他的每一首诗都是他心灵震颤的记录。因此，他的创作具有浓厚的自传色彩。

俄罗斯文化之魂——普希金

流芳世界文苑

涅瓦河上的浮桥

俄罗斯文化之魂——普希金

早在 19 世纪 20 年代，普希金的名字就跨越了俄罗斯的国界，开始为欧洲的作家和文化人士所瞩目。波兰杰出的浪漫主义诗人密茨凯维奇是普希金的亲密朋友，他对普希金的天才和人品十分推崇。密茨凯维奇在圣彼得堡生活期间见证了普希金非凡的记忆力、判断力和高雅的趣味。那时，这位"波兰的拜伦"住在离冬宫不远的喀山街，与莫伊卡滨河街 12 号的普希金家很近。当时的密茨凯维奇和普希金的处境非常相似，他是波兰的民族解放斗士，参加了反抗沙俄压迫的斗争，遭到沙皇当局的迫害后，流亡到圣彼得堡。相似的境遇和相同的文学情趣把两个杰出诗人的心连在了一起，知己相遇，格外亲切。普希金经常与密茨凯维奇漫步在涅瓦河畔，互相唱和，共叙情意。普希金的真诚、自信、高尚和敏锐的思想给波兰诗人留下了难忘的印象。密茨凯维奇当时就预感到，像普希金这样的文学天才，不仅在俄罗斯，而且在全世界都是比较罕见的。

　　法国作家梅里美等人翻译的普希金作品使素以文化自豪的法兰西人第一次领略了俄罗斯文学的魅力。特别值得一提的是，甚至法国作曲家比才创作的歌剧《卡门》也受到普希金《茨冈人》的影响。《卡门》不仅是法兰西19世纪歌剧艺术圣殿里一颗光辉灿烂的耀眼明珠，而且在整个20世纪也是世界各大歌剧院极为流行并长演不衰的保留剧目。这部歌剧是由法国作家梅里美的小说《卡门》改编而成，而我们在前面已经阐述过普希金对梅里美的巨大影响。当世界各地的观众和听众陶醉在《卡门》引人入胜的传奇剧情和美妙绝伦的旋律时，是否想起了俄罗斯浪漫主义文学经典大师普希金对世界文艺的独特贡献呢？

　　普希金的浪漫主义诗歌和传奇作品的意义非同寻常，诗人在世的时候，他的这些作品就已经受到欧洲作家的青睐。文学史的史实充分证明，由于普希金的崛起，俄罗斯文学不仅摆脱了跟在西欧文学后面亦步亦趋的幼稚境界，而且随着他的学生果戈理、莱蒙托夫、屠格涅夫、列夫·托尔斯泰，特别是陀思妥耶夫斯基等文学大师的涌现，俄罗斯文学已经开始对"他们从前的老师"西欧文学界产生影响了。列夫·托尔斯泰的《战争与和平》被欧洲文学界尊为19世纪长篇史诗创作的高峰，而陀思妥耶夫斯基的心理分析小说被奉为20世纪欧美现代派创作的先锋之作。

东西欧各国都翻译和出版了普希金的作品，而且在英国还有多种译本，这是西欧文化向俄罗斯文化难能可贵的致敬。英国的文学博物馆至今还保存有普希金的一份手稿，查尔斯王子基金会在俄罗斯普希金之家复制了普希金的工作日记。据说，德国伟大诗人歌德也熟悉普希金的创作，他曾经托一个俄罗斯文学家向普希金表达过敬意并且还赠送了一支自己用过的羽毛笔作为礼品。

普希金生前对伟大的中国怀有深情厚谊，几次想申请到遥远北京来访问，希望能登上万里长城，亲眼欣赏东方文明古国的雄姿。早在20世纪初，他著名的小说《上尉的女儿》就译成了中文。1937年，在普希金逝世100周年之际，在我国上海岳阳路的一个街心花园里矗立起了普希金纪念碑。20世纪90年代中国剧作家又将《渔夫和金鱼的故事》搬上了儿童戏剧的舞台。在普希金诞辰200周年的时候，在北京的人民大会堂举行了纪念会，在中山公园音乐堂举办了大型诗歌朗诵会和音乐会，这都充分表达了中国读者对俄罗斯杰出诗人普希金的厚爱。

今天，伟大的俄罗斯诗人普希金的英名已传遍全世界。他为人类自由、正义和文化而创作的诗篇将永远在世界文学的宝库中大放异彩。

参 考 文 献

Пушкин, ОГИЗ ГОСЛИТИЗДАТ, 1949.

А. С. Пушкин О Литературе, Издательство Детская Литература, 1977.

История Русской Литературы, Наука, 1983.

В.Вересаев: *Пушкин В Жизни*, Московский Рабочий, 1984.

Б. Томашевский: *Пушкин и Франция*, Советский Писатель, 1960.

В. Иванов: *Александр Пушкин и Его Время*, Вече, 1999.

Пушкин В Воспоминаниях Современников, Государственное Издательство Художественной Литературы, 1950.

Б. Мейлах: *Пушкин и его эпоха*, Государственное Издательство Художественной Литературы, 1958.

Путеводитель ПО Пушкину, Эксмо, 2009.

Пушкин Сборник Статей, Московский Государственный Университет им. М. Ломоносова, 1999.

Н. Бродский: *Евгений Онегин Роман А. С. Пушкина*, Государственное Учебнопедагогическое Издательство Министерство Просвещения РСФСР, 1957.

В. Федотов: *Русская Литература XVIII Века*, Просвещение, 1980.

Д. Лихачев: *Раздумья О России*, Logos, 1999.

戈宝权译：《普希金诗集》，北京出版社，1987 年。

查良铮译：《普希金抒情诗一集》，新文艺出版社，1957 年。

查良铮译：《普希金抒情诗二集》，新文艺出版社，1957 年。

余振译：《普希金长诗选》，外国文学出版社，1984 年。

［苏］布拉果依著，陈燊译：《普希金》，新文艺出版社，1957年。

［苏］卡布斯金讲，北京大学俄语系文学教研室译：《十九世纪俄罗斯文学史》，高等教育出版社，1958年。

［苏］列·格罗斯曼著，王士燮译：《普希金传》，黑龙江人民出版社，1983年。

［法］亨利·特罗亚著，张继双、李树立、董爱春译：《普希金传》，世界知识出版社，1992年。

冯春编：《普希金评论集》，上海译文出版社，1993年。

［法］梅里美著，傅雷译：《嘉尔曼　高龙巴》，安徽文艺出版社，1991年。

人民音乐出版社编辑部编：《外国歌剧〈卡门〉音乐分析·脚本·选曲》，人民音乐出版社，1983年。

李明滨著：《俄罗斯文化史》，北京大学出版社，2013年。

后　记

　　2024 年，是俄罗斯近代文学的奠基人、著名诗人普希金诞辰 225 周年。中国俄罗斯文学研究界和出版界始终没有忘记这位为世界文学及文艺作出独特贡献的俄罗斯杰出、浪漫的现实主义文学大家。

　　为纪念普希金的诞辰，河北教育出版社推出了拙著《俄罗斯文化之魂——普希金》。这是在作者早年的《俄国文化之魂——普希金》基础上，做了部分内容增加及图片增选的修订版；作者特别突出了普希金的南方叙事诗《茨冈人》及其抒情诗名作对世界著名歌剧《卡门》剧本创作上的深刻影响；也有意识地强调指出了英国湖畔派诗人华兹华斯对普希金文艺思想及诗歌艺术形式的重大影响。

　　遵从出版社编辑朋友的建议，同意将原书名改为《俄罗斯文化之魂——普希金》，以符合我们当代对俄罗斯国度名称的通用称呼。

在本书的写作和修订过程中，作者参阅了国内外部分有关普希金生平的文献著作及诗人作品的译作。借此机会，在这里谨向学界老前辈研究家们及翻译家们致敬！同时也向促成这本书修订再版的河北教育出版社的朋友们致以真诚谢意！

吴晓都

2024 年 6 月